Daniel Michel

UNNÜTZES FUSSBALLWISSEN

Daniel Michel

UNNÜTZES FUSSBALL WISSEN

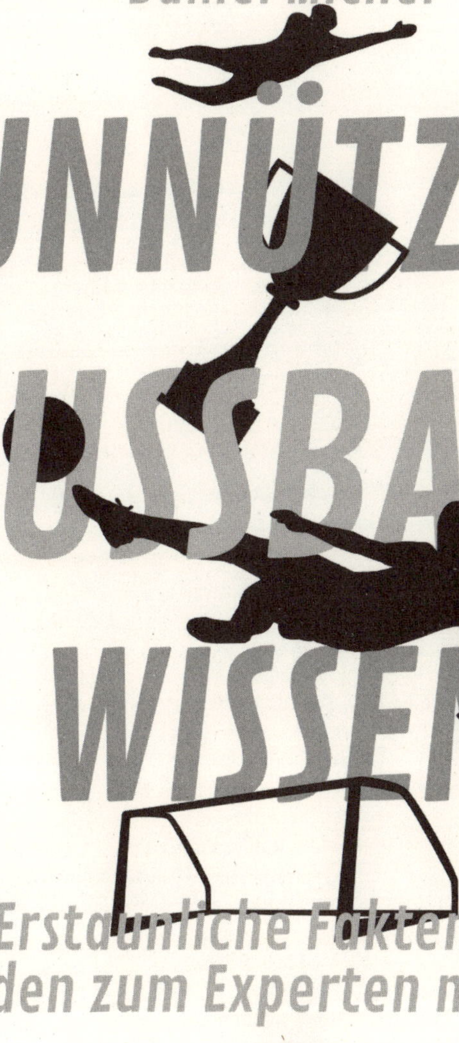

Erstaunliche Fakten, die jeden zum Experten machen

YES

Originalausgabe
1. Auflage 2021

Türkenstraße 89, 80799 München
info@yes-publishing.de

Redaktion: Rainer Weber
Umschlaggestaltung: Ivan Kurylenko (hortasar covers)
Layout und Satz: Müjde Puzziferri, MP Medien, München
Druck: CPI books GmbH, Leck
Printed in Germany

ISBN Print 978-3-96905-044-6
ISBN E-Book (EPUB, Mobi) 978-3-96905-045-3
ISBN E-Book (PDF) 978-3-96905-046-0

INHALT

Der »ewige« Totti und ein kuscheliges Krokodil

VON TREUE, LIEBE UND VERBUNDENHEIT IM FUSSBALL

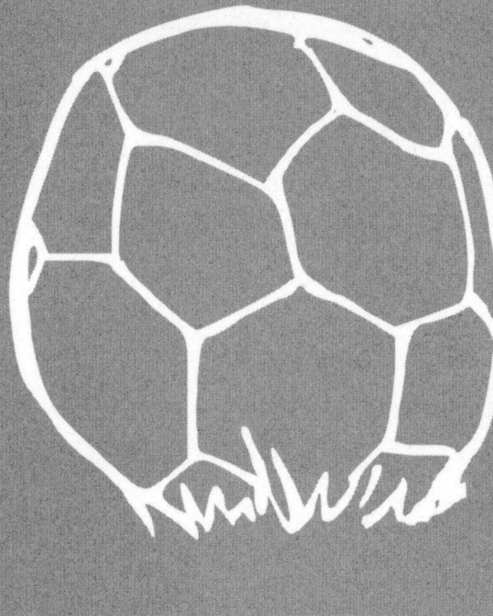

VEREINSTREUE SUPERSTARS

Es gibt sie auch im neuen Jahrtausend noch: Spieler, die ihrem Herzensklub die komplette Karriere über treu geblieben sind. Francesco Totti lautet das wohl prominenteste Beispiel im internationalen Top-Fußball. Der Stürmer beendete 2017 im Alter von 40 Jahren seine Karriere beim AS Rom. Für die Roma hatte Totti von 1993 an insgesamt 24 Jahre gespielt, dabei in 618 Erstligaspielen 250 Treffer markiert. 2001 feierte Totti mit den »Giallorossi«, den »Gelb-Roten«, den Gewinn der italienischen Meisterschaft – und nahezu jede Saison lehnte der italienische Weltmeister von 2006 lukrative Angebote der europäischen Konkurrenz ab.

Legendenstatus besitzt auch ein weiterer Italiener: Paolo Maldini. Der Linksverteidiger spielte von 1985 bis 2009 durchgehend für die Profis des AC Mailand, bevor er im Alter von 40 Jahren seine Karriere beendete. Maldini absolvierte 901 Pflichtspiele für die »Rossoneri«, die »Rot-Schwarzen«, und holte mit ihnen sieben Mal den nationalen Meistertitel und gleich fünf Mal entweder den Pokal der Landesmeister oder die Champions League.

Noch ein Jahr länger als Totti und Maldini spielte Rogerio Ceni für seinen Stammverein. Der brasilianische Nationaltorhüter stand von 1990 bis 2015 satte 25 Jahre in Diensten des FC São Paulo. Am 28. Juli 2005 bestritt Ceni gegen Atletico Mineiro seinen 618. Einsatz für São Paulo, womit er damals schon zum

Rekordspieler des Klubs aufstieg. Extra für diese Partie lief Ceni mit der Trikotnummer 618 auf. Als Ceni im Alter von 42 Jahren seine Karriere beendete, brachte er es auf nahezu die doppelte Anzahl an Pflichtspielen: 1242. Ceni holte mit São Paulo unter anderem zwei Mal die südamerikanische Klubmeisterschaft (Copa Libertadores) und drei Mal die brasilianische Meisterschaft. Als Ersatzkeeper wurde er zudem 2002 mit Brasilien Weltmeister.

Statistisch ein wenig umstritten ist der Fall Philipp Lahm. Der Kapitän der deutschen Weltmeistermannschaft von 2014 wechselte 1995 in die Jugendabteilung des FC Bayern und blieb seinem Klub 22 Jahre bis zum Karriereende 2017 treu. Allerdings wurde Lahm zu Beginn seiner Profi-Karriere für zwei Saisons (2003/04 und 2004/05) an den VfB Stuttgart ausgeliehen, um mehr Spielpraxis in der Bundesliga zu sammeln. Eine Legende des FC Bayern bleibt der Außenverteidiger trotzdem.

Bei den noch aktiven Fußballern stehen in Sachen Vereinstreue besonders zwei Stars im Fokus: Lionel Messi und Thomas Müller. Messi wechselte im Jahr 2000 in den Jugendbereich des FC Barcelona. Im Oktober 2004 gab er sein Debüt bei den Profis. Insgesamt ist der Weltfußballer schon über 20 Jahre für die Katalanen aktiv.

Thomas Müller, der im September 1989 geboren und damit rund zwei Jahre jünger als Messi ist, wechselte im Jahr 2000 von seinem Heimatverein TSV Pähl in die D-Jugend des FC Bayern. So kann Müller, der erstmals 2008 in der Bundesliga zum Einsatz kam, bereits auf eine über 20-jährige Zugehörigkeit zu den Münchnern verweisen.

Manche Superstars, wie beispielsweise Andres Iniesta und Steven Gerrard, gelten ebenfalls als vereinstreue Legenden ihrer Klubs, auch wenn sie zum Ende ihrer Karriere hin noch ein kleines Abenteuer wagten. Iniesta, Siegtorschütze für Spanien im WM-Finale 2010, wechselte 1996 in die Jugend des FC Barcelona. Im Dezember 2002 feierte er sein Ligadebüt für Barca in der Primera División. Danach holte der Mittelfeldstratege mit den »Blaugrana«, den »Blau-Roten«, insgesamt vier Mal die Champions League und neun Mal die spanische Meisterschaft. 2018, nach 22 Jahren Klubzugehörigkeit, zog es Iniesta im Alter von 34 Jahren noch in die japanische Liga zum Traditionsklub Vissel Kobe.

Steven Gerrard wiederum zählt zu den größten Legenden des FC Liverpool. Gerrard, 1980 im Liverpooler Vorort Whiston geboren, ging schon im Alter von acht Jahren zu den Reds. Zehn Jahre darauf folgte im November 1998 sein erster Einsatz für Liverpool in der Premier League. Gerrard gewann mit Liverpool zahlreiche Titel, Höhepunkt war der Triumph in der Champions League 2005. Der Gewinn der Meisterschaft mit Liverpool blieb dem zentralen Mittelfeldspieler dagegen verwehrt.

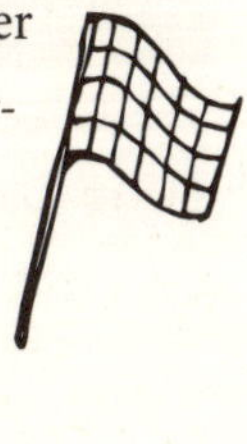

Bitter: In der Saison 2013/14 war Liverpool kurz vor dem Titelgewinn, doch zwei Spieltage vor Schluss unterlag Liverpool dem FC Chelsea mit 0 : 2. Vor dem 0 : 1 unterlief Gerrard im Mittelfeld ein technischer Fehler, dann rutschte er auch noch aus. Sein Abschied von der Anfield Road folgte im Jahr 2015. Nach insgesamt 26 Jahren, davon 17 als Profi, suchte sich Gerrard aber noch eine Destination in den USA. Zwei Jahre spielte er für L.A. Galaxy, bevor er mit 36 Jahren endgültig seine Fußballschuhe an den Nagel hängte.

DIE »WANDERVÖGEL« DER BUNDESLIGA

Vereinswechsel gehören dennoch zum Fußballgeschäft dazu, und mancher Spieler erweist sich dabei als besonders wechselfreudig. Der aktuell wohl bekannteste »Wandervogel« aus der Bundesliga ist **Max Kruse.** Der Stürmer kehrte 2020 aus der Türkei (Fenerbahçe Istanbul) zurück nach Deutschland und heuerte bei Union Berlin an. Die Köpenicker sind bereits die sechste Profi-Station von Kruse in der Bundesliga. Zuvor kickte der in Reinbek (Schleswig-Holstein) geborene Kruse für St. Pauli, Freiburg, Borussia Mönchengladbach, den VfL Wolfsburg und Werder Bremen.

Ebenfalls auf sechs Vereine in der Bundesliga kommt **Srdjan Lakic.** Der kroatische Stürmer bestritt zwischen 2006 und 2015 insgesamt 107 Bundesligaspiele für Hertha BSC, den 1. FC

Kaiserslautern, die TSG 1899 Hoffenheim, den VfL Wolfsburg, Eintracht Frankfurt und den SC Paderborn.

Auch Torwart **Jürgen Rynio** bringt es auf sechs Klubs in der Bundesliga. Zwischen 1967 und 1986 spielte Rynio für den Karlsruher SC, den 1. FC Nürnberg, Borussia Dortmund, Rot-Weiß Essen, St. Pauli und Hannover 96.

Mittelfeldakteur **Markus Feulner** gab im Februar 2002 sein Bundesliga-Debüt für den FC Bayern. In seiner Profi-Karriere machte er noch Station bei den Bundesligaklubs 1. FC Köln, Mainz 05, Borussia Dortmund, 1. FC Nürnberg und FC Augsburg.

244 Einsätze und 59 Tore in der Bundesliga weist **Stefan Kohn** auf. Der Mittelstürmer ging im deutschen Oberhaus zwischen 1986 und 1997 für Bayer 04 Leverkusen, Hannover 96, den VfL Bochum, Werder Bremen, den 1. FC Köln und Schalke 04 auf Torejagd.

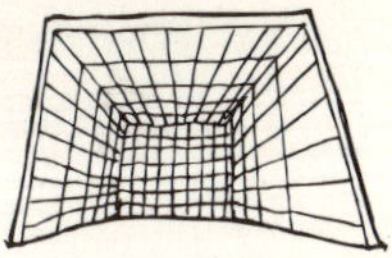

Der gebürtige Münchner **Sandro Wagner** beendete 2020 nach einem Abenteuer in der chinesischen Liga (Tianjin Teda) seine Karriere. Zuvor war der Stürmer in der Bundesliga für insgesamt sechs Klubs aktiv: Bayern München, Werder Bremen, den 1. FC Kaiserslautern, Hertha BSC, Darmstadt 98 und die TSG 1899 Hoffenheim.

Wie Wagner besitzt auch **Bruno Labbadia** eine Vergangenheit als Stürmer beim FC Bayern. Weitere Bundesligaklubs, bei denen Labbadia spielte, waren der Hamburger SV, der 1. FC Kaiserslautern, der 1. FC Köln, Werder Bremen und Arminia Bielefeld.

Deutscher Rekordhalter unter den »Wandervögeln« in der Bundesliga ist **Michael Spies.** Der Offensivakteur und gebürtige Stuttgarter startete seine Profi-Karriere in der Saison 1985/86 beim VfB. Die weiteren Klubs, für die er in der Bundesliga auflief, waren der Karlsruher SC, Borussia Mönchengladbach, Hansa Rostock, der Hamburger SV, Dynamo Dresden und der VfL Wolfsburg.

FAMILIENBANDE: VATER UND SOHN ALS PROFI-FUSSBALLER

Zahlreiche Stars haben einen Vater, der einst selbst erfolgreich im Profi-Fußball aktiv war. Eine Auswahl:

Leroy Sané ist deutscher Nationalspieler und steht seit Sommer 2020 in Diensten des FC Bayern. Sein Vater Souleymane »Sammy« Sané ging in der Bundesliga zwischen 1988 und 1994 für den 1. FC Nürnberg und Wattenscheid 09 auf Torejagd. Dem Stürmer glückten im deutschen Oberhaus 51 Treffer.

Philipp Max gab im November 2020 sein Debüt in der deutschen Nationalmannschaft. Der Vater des Linksverteidigers,

Martin Max, wurde 1995 mit Borussia Mönchengladbach DFB-Pokalsieger und 1997 mit Schalke 04 UEFA-Cupsieger. Max wurde zwei Mal Torschützenkönig der Bundesliga (2000, 2002), machte für die Nationalmannschaft allerdings nur ein Spiel: Der Stürmer kam bei der 0:1-Niederlage im April 2002 gegen Argentinien für sieben Minuten zum Einsatz.

Robin Koch spielt seit dem Sommer 2020 für Leeds United in der Premier League. Vater Harry Koch war für zwei Sensationen im deutschen Fußball mitverantwortlich. Mit dem damaligen Drittligisten TSV Vestenbergsgreuth warf er in der Saison 1994/95 in der 1. Runde des DFB-Pokals Top-Favorit FC Bayern München aus dem Turnier (1:0). Der zweite Paukenschlag: Im Jahr 1998 wurde Harry Koch mit Bundesliga-Aufsteiger 1. FC Kaiserslautern sensationell deutscher Meister – vor Bayern München.

Erling Haaland schießt Tore am Fließband für Borussia Dortmund. Vater Alf-Inge Haaland nahm mit Norwegen an der WM 1994 teil und spielte unter anderem von 2000 bis 2003 im Mittelfeld von Manchester City.

Giovanni Reyna wirbelt ebenfalls in der Offensive von Borussia Dortmund. Sein Vater Claudio Reyna war im Mittelfeld beheimatet und spielte zwischen 1994 und 2006 für die Nationalmannschaft der USA. In der Bundesliga lief Claudio Reyna für Bayer Leverkusen (1995–1997) und auf Leihbasis für den VfL Wolfsburg (1997–1999) auf.

Justin Kluivert ist Stürmer und wechselte 2020 auf Leihbasis vom AS Rom zu RB Leipzig. Vater Patrick Kluivert zählte einst zu den besten Fußballern der Welt. Der Niederländer gewann mit Ajax Amsterdam 1995 die Champions League. Der AC Mailand (1997/98) und der FC Barcelona (1998–2004) gehören zu seinen weiteren großen Karrierestationen.

Mitchell Weiser stand von 2012 bis 2015 drei Jahre bei Bayern München unter Vertrag. Der Außenbahnspieler wechselte danach zu Hertha BSC, bevor er sich 2018 für einen Neuanfang bei Bayer Leverkusen entschied. Bei der Werkself arbeitet Vater Patrick als Jugendtrainer. Beide Weisers entstammen allerdings der Jugend des 1. FC Köln. Patrick Weiser spielte als Profi für den rheinischen Rivalen von 1991 bis 1997 und von 2005 bis 2007. Dazwischen war der Mittelfeldspieler bei Stade Rennes und dem VfL Wolfsburg aktiv.

Pascal Köpke agiert als Stürmer beim 1. FC Nürnberg. Sein Vater Andreas Köpke gilt als einer der besten Torhüter der deutschen Fußballgeschichte. Köpke senior gehörte dem Kader der deutschen Weltmeistermannschaft von 1990 an und war Stammkeeper im DFB-Team beim EM-Sieg 1996.

Palkó Dárdai zählte bis 2020 zum Profi-Kader von Hertha BSC. Sein Vater Pál Dárdai ist bei der Hertha eine Legende. Der Ungar spielte erst als Profi von 1997 bis 2011 im Mittelfeld der Berliner, dann war er als Jugendtrainer und ungarischer Nationaltrainer im Einsatz, bevor er die Profi-Mannschaft der Hertha von 2015 bis 2019 übernahm. Ende Januar 2021 wurde er erneut zum Cheftrainer befördert.

Leonardo Bittencourt steht seit 2019 in Diensten von Werder Bremen. Sein Vater Franklin Bittencourt, in Rio geboren, spielte für den VfB Leipzig (1992–1998) und Energie Cottbus (1998–2003) in der 1. und 2. Bundesliga. Franklin Bittencourt agierte meist als hängende Spitze und markierte in den ersten beiden deutschen Profiligen insgesamt 43 Tore.

Louis Schaub ist beim 1. FC Köln unter Vertrag, aber derzeit an den Schweizer Klub FC Luzern ausgeliehen. Sein Vater Fred Schaub spielte einst für Eintracht Frankfurt. Der Angreifer avancierte dabei im UEFA-Cup-Finale 1980 zum Matchwinner. Borussia Mönchengladbach war mit einem 3:2-Sieg aus dem Hinspiel nach Frankfurt angereist. Bis kurz vor Schluss stand es im Rückspiel 0:0, dann wurde Schaub in der 77. Spielminute eingewechselt und erzielte in der 81. Spielminute den 1:0-Siegtreffer für die Hessen. Dank der Auswärtstorregel gewann somit die Eintracht den UEFA-Cup.

SPORTLICHE SPIELERFRAUEN

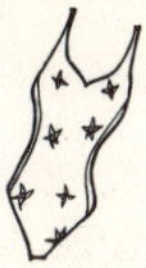

Die Zahl der Spielerfrauen, die selbst Spitzensport betreiben, steigt stetig. Im Folgenden finden sich einige Beispiele von besonders sportlichen Spielerfrauen aus der Bundesliga.

Jordyn Huitema, die Freundin von FC-Bayern-Star Alphonso Davies, spielt selbst professionell Fußball. Auf Vereinsebene stürmt sie für Paris Saint-Germain, auf Nationalmannschaftsebene geht Huitema für Kanada auf Torejagd.

Shanga Forsberg, die Ehefrau von RB-Leipzig-Angreifer Emil Forsberg, war einst Junioren-Nationalspielerin in Schweden und spielte von 2016 bis 2018 für das Frauenteam der Leipziger.

Sami Khedira, mit Deutschland Weltmeister 2014 und unter Vertrag bei Hertha BSC, soll übereinstimmenden Medienberichten zufolge mit **Melanie Leupolz** eine Beziehung führen. Leupolz wiederum wurde mit der deutschen Frauen-Nationalmannschaft 2016 Olympiasieger.

Die Ehefrau von FC-Bayern-Stürmer Robert Lewandowski, **Anna Lewandowska,** ist eine sehr erfolgreiche Karateka. Bei der Karate-WM gewann sie eine Bronzemedaille im Einzelkampf – und mit dem polnischen Team sogar die Goldmedaille.

Zu den fittesten Spielerfrauen neben Anna Lewandowska dürfte **Cidia Siqueira** zählen. Die Fitnesstrainerin ist die Freundin von Wendell, Außenverteidiger bei Bayer 04 Leverkusen. Siqueira sorgt in den sozialen Netzwerken mit ihren intensiven Workouts oftmals für Begeisterung bei den Usern und besitzt auch in Brasilien einen beachtlichen Bekanntheitsgrad.

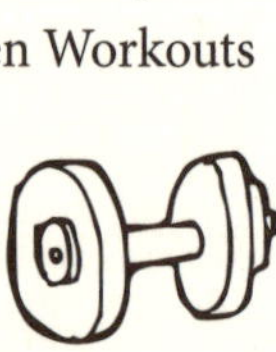

Eine weitere Spielerfrau des FC Bayern zählt derweil zu den besten Dressurreiterinnen in Deutschland. **Lisa Müller,** Ehefrau von Offensiv-Allrounder Thomas Müller, gewann 2019 mit ihrem Pferd »Stand by« das stark besetzte Turnier in Stuttgart. In der Folge wurde sie vom Verband befördert und in den deutschen Perspektivkader aufgenommen.

Bastian Schweinsteiger, mit Deutschland 2014 Weltmeister, ist mit **Ana Ivanovic** verheiratet. Ivanovic gewann 2008 die French Open, wodurch die Serbin damals zur Nummer eins der Weltrangliste aufstieg.

ALS SPIELER UND TRAINER EIN HELD DES VEREINS

Bei internationalen Top-Klubs liegt es im Trend, ehemalige Weltklassespieler, die dem Verein schon als Profi erfolgreich gedient haben, als Chefcoaches zum Verein zurückzuholen. Eine kleine, aber feine Auswahl:

Hansi Flick dürfte in Deutschland aktuell sicherlich das bekannteste Beispiel sein. Er übernahm während der Saison 2019/20 den FC Bayern und holte mit dem Team das Triple. Flick war einst selbst für die Münchner als Profi aktiv, zwischen 1985 und 1990 spielte er im Mittelfeld des FC Bayern und gewann vier deutsche Meisterschaften und einmal den DFB-Pokal. Zudem stand er im

Finale des Landesmeistercups 1987 in der Startelf der Roten. Allerdings ging die Partie mit 1:2 gegen den FC Porto verloren.

Zinédine Zidane gelang bei seiner ersten Amtszeit bei Real Madrid der Gewinn von drei Champions-League-Titeln in Folge (2016–2018). Nach kurzer Pause kehrte der Franzose im Frühjahr 2019 zu den Königlichen zurück und holte 2019/20 die spanische Meisterschaft. Bereits als Spieler war Zidane der Chef auf dem Platz: Im Champions-League-Finale 2002 erzielte er den 2:1-Siegtreffer für Real gegen Bayer 04 Leverkusen.

Ronald Koeman hat zur Saison 2020/21 das Traineramt beim FC Barcelona übernommen. Der Niederländer agierte einst als Libero und Standardspezialist für die Katalanen. Im Finale des Landesmeistercups 1992 hämmerte er in der Verlängerung einen Freistoß aus 23 Metern zum 1:0 ins Netz – so gewann Barcelona erstmals die bedeutendste Trophäe im europäischen Vereinsfußball. Zudem wurde Koeman vier Mal in Folge spanischer Meister mit Barca (1991–1994).

Diego Simeone zählt zu den besten Trainern der Welt. Mit seiner aggressiven Defensivtaktik prägt er Atlético Madrid seit 2011 – in der Saison 2013/14 glückte ihm die große Überraschung: Atlético gewann die spanische Meisterschaft vor Real und Barca. Ein ähnlicher Coup war dem einstigen Mittelfeldakteur auch 1995/96 gelungen: Damals zählte Simeone noch als Spieler zur Meistermannschaft der »Colchoneros«.

Andrea Pirlo ist in Italien seit der Saison 2020/21 Cheftrainer von Juventus Turin. Als Profi gewann Pirlo mit Juve vier Meistertitel in Folge (2011/12–2014/15). 2015 gelangte er zudem mit Juve ins Finale der Champions League, musste sich dort aber dem FC Barcelona mit 1:3 geschlagen geben.

Frank Lampard war von 2019 bis Januar 2021 Trainer des FC Chelsea in der Premier League. Im Jahr 2012 gewann er mit den Londonern noch als Spieler die Champions League – Chelsea besiegte in der Münchner Allianz Arena den FC Bayern mit 5:4 nach Elfmeterschießen.

Ole Gunnar Solskjaer übernahm im Dezember 2018 Manchester United und ist den Fans des FC Bayern ebenfalls in schmerzlicher Erinnerung. Im Champions-League-Finale 1999 führten die Münchner bis zur 90. Minute mit 1:0 – doch in der Nachspielzeit drehten die Engländer die Partie noch in einen 2:1-Erfolg um. Schütze des Siegtreffers in der 3. Minute der Nachspielzeit war: Ole Gunnar Solskjaer.

DIE MASKOTTCHEN DER BUNDESLIGAKLUBS

Fast jeder Bundesligaklub besitzt ein Maskottchen. Meist vom kommerzialisierten US-Profisport inspiriert, führten viele Vereine insbesondere in den 1990er-Jahren das Element eines Glücksbringers ein. Das jeweilige (Stoff-)Tier und dessen Name ist in der Regel verbunden mit Charakteristika aus der Geschichte des Vereins oder der jeweiligen Region. Die meisten Maskottchen dürften in der Regel aber in erster Linie der PR-Maschinerie des Klubs dienen, um vor allem Kinder noch enger an den Verein zu binden. Ein Überblick über die Maskottchen der Bundesligaklubs:

- ☞ Beim **FC Bayern** dient der Bär »Berni« als Maskottchen.
- ☞ Auch bei der **Hertha** ist ein Bär fürs Jubeln zuständig: »Herthino«.
- ☞ Biene »Emma« ist der Glücksbringer von **Borussia Dortmund.**
- ☞ **Borussia Mönchengladbach** setzt auf das Fohlen »Jünter«.
- ☞ Der Löwe »Brian The Lion« ist das Maskottchen von **Bayer 04 Leverkusen.**
- ☞ **Schalke 04** setzt auf den Maskottchen-Menschen »Erwin« als Glücksbringer.
- ☞ Der **VfL Wolfsburg** hält es mit dem Wolf »Wölfi«.
- ☞ Der **1. FC Köln** besitzt seit 1950 einen echten Geißbock (»Hennes«) als Maskottchen.
- ☞ Bei **Eintracht Frankfurt** ist es der Steinadler »Attila«.
- ☞ Der **VfB Stuttgart** baut auf das Krokodil »Fritzle«.
- ☞ Bei der **TSG 1899 Hoffenheim** ist es der Elch »Hoffi«.
- ☞ »Lukas der Lokomotivführer« ist das Maskottchen des **FC Augsburg.**
- ☞ **Union Berlin** setzt auf »Ritter Keule« als Glücksbringer.
- ☞ **RB Leipzig** erfand den Stierbullen »Bulli« als Maskottchen.

☞ »Füchsle« lautet der Fuchs-Glücksbringer des **SC Freiburg.**

☞ **Werder Bremen** besitzt derzeit kein Maskottchen, hatte in der Vergangenheit aber die lebendige Heidschnucke (Schaf) »Pico« und später die Möwe »Werdi« als Glücksbringer im Angebot.

☞ **Arminia Bielefeld** und **Mainz 05** verzichten im Herrenbereich auf ein Maskottchen. Für ihre Kinder-Fanklubs gibt es aber jeweils einen Glücksbringer: In Bielefeld ist es der Stier »Lohmann«, bei Mainz der Clown »Johannes«.

»Welchen Ronaldo meinst du jetzt«?

NAMENSDOUBLES UND SPITZNAMEN IM WELTFUSSBALL

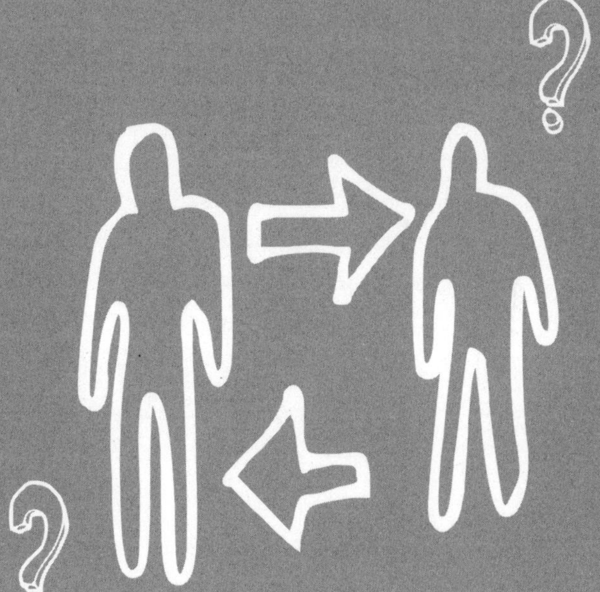

NAMENSVETTERN

Ronaldo

Wer manchmal nur davon spricht, dass Ronaldo ein sehr erfolgreicher Fußballer sei, könnte durchaus die Frage gestellt bekommen, welcher Ronaldo denn gemeint sei? Sicherlich, aktuell würde es sich meist um Cristiano Ronaldo handeln, der mit vollem Namen Cristiano Ronaldo dos Santos Aveiro heißt. CR7, so sein Kürzel, ist mit Portugal 2016 Europameister geworden und hat mit seinen Ex-Klubs Manchester United und Real Madrid insgesamt fünf Mal die Champions League gewonnen. Nun greift der mehrmals als Weltfußballer ausgezeichnete Stürmer mit Juventus Turin nach weiteren Titeln.

Doch da gibt es eben auch jenen Ronaldo, der dann oftmals als »brasilianischer Ronaldo« bezeichnet wird. Ronaldo Luís Nazário de Lima wurde 1994 und 2002 mit Brasilien Weltmeister und gehörte nach legendären Auftritten im Trikot des FC Barcelona und von Inter Mailand ab 2002 den »Galaktischen« von Real Madrid an.

Niko Kovač

Niko Kovač hat als Coach 2018 Eintracht Frankfurt zum Triumph im DFB-Pokal geführt und 2019 mit dem FC Bayern das Double gewonnen. In seiner Frankfurter Zeit spielte allerdings auch in der U14-Auswahl der Eintracht ein Niko Kovač. Dieser Niko Kovač lief für die Eintracht-Jugend als Torjäger auf.

Jérôme Boateng

Verteidiger Jérôme Boateng hat mit dem FC Bayern die Champions League 2013 und 2020 gewonnen. Es gibt aber auch einen Mittelfeldspieler namens Jerome Boateng, in dieser Schreibweise, der im Nachwuchsbereich von Profi-Klub SV Darmstadt 98 spielt.

Rafinha

Auch Rafinha zählt zu den Champions-League-Siegern des FC Bayern von 2013. Sein voller Name lautet: Marcio Rafael Ferreira de Souza. Ein weiterer Rafinha ist in den Reihen des FC Barcelona zu finden. Der Barca-Mittelfeldspieler ist wiederum der Bruder von Thiago, der mit dem FC Bayern 2020 die Champions League gewann.

Robert Lewandowski

Robert Lewandowski, Weltfußballer 2020, steht seit 2014 in Diensten des FC Bayern. Beim semiprofessionellen schottischen Klub Fort William spielte lange Zeit ebenfalls ein Robert Lewandowski – allerdings hütete jener das Tor und trug blonde statt braune Haare.

Luis Suárez

Luis Suárez gewann mit dem FC Barcelona 2015 die Champions League, 2020 sortierten die Katalanen den Stürmer aus. Der Uruguayer wechselte zu Ligakonkurrent Atlético Madrid.

Sein Namensvetter Luis Suárez ist fast zehn Jahre jünger, Kolumbianer und spielt in der zweiten englischen Liga für den FC Watford.

Ante Čović

Ante Čović, 1975 in Berlin geboren, spielte als Offensivakteur unter anderem für Hertha BSC und den VfB Stuttgart in der Bundesliga. In der Saison 2019/20 trainierte der Kroate für kurze Zeit die Hertha als Chefcoach, bevor er nach dem 12. Spieltag von Jürgen Klinsmann auf der Trainerbank abgelöst wurde.

Ein weiterer Ante Čović, 1975 in Sydney geboren, gilt als Weltenbummler im Fußball. Der Keeper, der die australische Staatsbürgerschaft besitzt und kroatischer Abstammung ist, spielte unter anderem in der australischen, schwedischen, griechischen und kroatischen Liga. Bei der Weltmeisterschaft 2006 gehörte er als dritter Torwart dem Kader Australiens an. 2019 beendete Čović bei Wellington Phoenix seine Karriere.

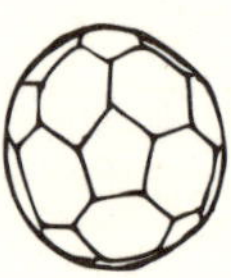

Luka Modrić

Luka Modrić, seit 2012 bei Real Madrid, wurde 2018 zum Weltfußballer gewählt. Der kroatische Regisseur hat einen Namensvetter in seiner Heimat, nämlich beim Profi-Klub NK Varaždin. Dort spielt ein gewisser Luka Modrić als Stürmer.

Júlio César

Der eine Júlio César, Jahrgang 1963 und aus Brasilien stammend, spielte von 1994 bis 1999 für Borussia Dortmund in der Verteidigung und gewann mit den Schwarz-Gelben die deutsche Meisterschaft 1995 und 1996 sowie die Champions League 1997. Zuvor wurde Júlio César da Silva, so der volle Name des Defensivakteurs, mit Juventus Turin bereits 1993 UEFA-Cup-Sieger.

Der andere sehr bekannte und erfolgreiche Júlio César, Jahrgang 1979, agierte als Torhüter und gewann 2010 mit Inter Mailand die Champions League. Der volle Name des Brasilianers lautet: Júlio César Soares de Espíndola. 2018 beendete der Keeper seine Karriere in seiner Heimat bei Flamengo Rio de Janeiro.

DOPPELGÄNGER BEI VEREINSNAMEN

Nicht nur der eine oder andere Fußballprofi, sondern auch mancher Fußballverein besitzt ein Namensdouble. Eine Kurzauswahl:

FC Liverpool

Der **FC Liverpool** zählt zu den bekanntesten und erfolgreichsten Fußballklubs der Welt. Die Engländer gewannen 2019 zum sechsten Mal in ihrer Geschichte die Champions League.

In Uruguay allerdings existiert ein **FC Liverpool Montevideo.** In der Hauptstadt Montevideo wurde im Jahr 1915, rund 23 Jahre (1892) nach der Gründung des englischen Namensvetters, tatsächlich auch der FC Liverpool ins Leben gerufen. Die Stammfarben des uruguayischen Erstligisten sind Dunkelblau und Schwarz. 2005/06 präsentierte der Klub in Anlehnung an den berühmten Vorfahren ein rot designtes Auswärtstrikot. Der Legende nach kam der Name dadurch zustande, dass Schüler, die zu den Gründungsvätern des Klubs zählten, im Erdkundeunterricht Informationen über Großbritannien erhielten und dabei auch von Liverpool zu hören bekamen. Liverpool war in Montevideo schon damals nicht ganz unbekannt, denn im Hafen von Montevideo liefen zahlreiche Kohleschiffe aus Liverpool ein. Fun-Fact: Liverpool Montevideo gewann auf seiner Europatour 1971 ein Freundschaftsspiel gegen Werder Bremen mit 4:1.

FC Barcelona

Der **FC Barcelona** zählt mit fünf Champions-League-Siegen und 26 nationalen Meistertiteln zu den erfolgreichsten Klubs der

Welt – und die Spanier besitzen mehrere Namensdoubles (mit kleineren Abweichungen) in der Welt.

Der **Barcelona Sporting Club** aus Guayaquil wurde 1925 von katalanischen Auswanderern nach dem Vorbild des FC Barcelona gegründet und ist in Ecuador mit 15 Titeln Rekordmeister! Der Erfolgsklub besitzt fast 100 000 Mitglieder, eine Marke, die nicht weit weg liegt vom großen Vorbild aus Spanien, bei dem man rund 150 000 Mitglieder zählt. Der Barcelona SC erreichte zweimal in seiner Historie sogar das südamerikanische Finale der Champions League (Copa Libertadores), allerdings missglückte sowohl 1990 als auch 1998 der ganz große Coup. Barcelona verlor jeweils die Finals mit Hin- und Rückspiel gegen Club Olimpia aus Paraguay und Vasco da Gama aus Brasilien.

Der **Club Barcelona Atlético** gewann zweimal die Meisterschaft in der Dominikanischen Republik, zuletzt im Jahr 2016. Barcelona Atlético ist damit wie der Barcelona Sporting Club Rekordmeister seines Landes. Bis 2003 hieß der Klub, der aus der Hauptstadt Santo Domingo stammt, übrigens noch San Cristóbal Bancredicard FC.

Der **FC Miyagi Barcelona** ist in Japan beheimatet, hat aber keinen Auswanderer-Bezug nach Katalonien und spielt auch im japanischen Profi-Fußball keine Rolle. Allerdings: Der Klub bildete zwischen 2001 und 2005 Mittelfeldspieler Shinji Kagawa aus. 2010 übersiedelte Kagawa nach Europa, er wechselte zu Borussia

Dortmund und gewann mit den Schwarz-Gelben 2011 und 2012 die deutsche Meisterschaft sowie 2012 und 2017 den DFB-Pokal.

San Felipe Barcelona wiederum ist ein Verein aus dem zentralamerikanischen Belize. Barcelona ist allerdings kein Top-Klub in der heimischen Premier League, die seit 2012 existiert. Der Klub aus der 1500-Einwohner-Stadt San Felipe hat bislang nie das Endspiel um die Meisterschaft erreicht.

Clube Desportivo (CD) Amabox Barcelona Tarrafal war ein Klub auf den zu Afrika zählenden Kapverden. Der Verein wurde 1995 gegründet und errang die Meistertitel 2000 und 2003. Allerdings wurde der Klub um die Jahre 2016/17 aufgelöst.
Ein Blick noch nach England beziehungsweise Australien:

Newcastle United

Newcastle United zählt zu den Traditionsklubs in der englischen Premier League. Der Klub besitzt aber auch einen Namensvetter in Australien. Die **Newcastle United Jets** existieren seit dem Jahr 2000 und holten 2008 die australische Meisterschaft. »Jets« wurde dem Klubnamen beigefügt, um Verwechslungen mit dem englischen Pendant zu vermeiden. »Jets« hat zudem auch einen regionalen Bezug: Rund 20 Kilometer von Newcastle entfernt liegt die Basis der australischen Luftwaffe in Williamstown.

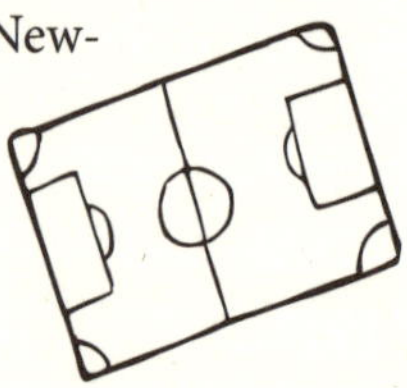

DIE ABSCHLUSSTABELLE DER PREMIER LEAGUE 2019/20 NACH VEREINSSPITZNAMEN

Vereinsfarben, charakteristische Tiere oder ein historischer Bezug zur Region führen oftmals zum Spitznamen eines Vereins. Besonders in England erfreuen sich die »Nicknames« großer Beliebtheit. So würde ein Zeitungsbericht aussehen, wenn er die Abschlusstabelle der Premier League 2019/20 nicht mit den Vereinsnamen, sondern mit den Spitznamen auflistet:

1. The Reds
2. The Sky Blues
3. The Red Devils
4. The Blues
5. The Foxes
6. The Lilywhites
7. Wolves
8. The Gunners
9. The Blades
10. The Clarets
11. The Saints
12. The Toffees
13. The Magpies
14. The Eagles
15. The Seagulls
16. The Hammers
17. The Lions
18. The Cherries

19. The Hornets
20. The Canaries

Die Auflösung:

1. FC Liverpool, »Die Roten«
2. Manchester City, »Die Himmelblauen«
3. Manchester United, »Die roten Teufel«
4. FC Chelsea, »Die Blauen«
5. Leicester City, »Die Füchse«
6. Tottenham Hotspur, »Die Lilienweißen«
7. Wolverhampton Wanderers, »Wölfe«
8. Arsenal, »Kanoniere«
9. Sheffield United, »Die Klingen«
10. FC Burnley, »Die Weinroten«
11. FC Southampton, »Die Heiligen«
12. FC Everton, »Die Karamellbonbons«
13. Newcastle United, »Die Elstern«
14. Crystal Palace, »Die Adler«
15. Brighton & Hove Albion, »Die Möwen«
16. West Ham United, »Die Hämmer«
17. Aston Villa, »Die Löwen«
18. AFC Bournemouth, »Die Kirschen«
19. FC Watford, »Die Hornissen«
20. Norwich City, »Die Kanarienvögel«

DIE ABSCHLUSSTABELLE DER PRIMERA DIVISIÓN 2019/20 NACH VEREINSSPITZNAMEN

So würde ein Zeitungsbericht aussehen, wenn er die Abschlusstabelle der spanischen Primera División 2019/20 nicht mit den Vereinsnamen, sondern mit den Spitznamen der Klubs auflistet:

1. Los Merengues
2. Los Blaugrana
3. Los Colchoneros
4. Los Nervionenses
5. El Submarino Amarillo
6. Los Txuri-Urdin
7. Los Rojiblancos
8. Los Azulones
9. Los Murciélagos
10. Los Rojillos
11. Los Leones
12. Granotas
13. Los Blanquivioletas
14. Los Armeros
15. Los Heliópolitanos
16. Los Babazorros
17. Olívicos
18. Los Pepineros
19. Los Bermellones
20. Los Periquitos

Die Auflösung:

1. Real Madrid, »Meringue« (weißes Gebäckstück aus gezuckertem Ei)
2. FC Barcelona, »Die Blau-Roten«
3. Atlético Madrid, »Die Matratzenmacher« (nach einer Bestseller-Matratze in den Vereinsfarben Rot-Weiß)
4. FC Sevilla, »Einwohner von Nervión« (ein Bezirk in Sevilla)
5. FC Villarreal, »Das gelbe U-Boot«
6. Real Sociedad San Sebastián, baskisch für »Die Weiß-Blauen«
7. FC Granada, »Die Rot-Weißen«
8. FC Getafe, »Die Dunkelblauen«
9. FC Valencia, »Die Fledermäuse«
10. CA Osasuna, »Die Roten«
11. Athletic Bilbao, »Die Löwen«
12. UD Levante, »Die Frösche«
13. Real Valladolid, »Die Weiß-Lilanen«
14. SD Eibar, »Die Büchsenmacher«
15. Real Betis Sevilla, »Einwohner von Heliópolis« (ein Bezirk in Sevilla)
16. Deportivo Alavés, »Die Bohnenfresser«
17. Celta Vigo, »Olivenbäume«
18. CD Leganes, »Die Gurkenzüchter«
19. RCD Mallorca, »Die Rot-Orangenen« (Farbe Bermellon/Zinnoberrot)
20. Espanyol Barcelona, »Die Wellensittiche«

80 000 Euro Jahresgehalt für die besten Referees und Jens Nowotny als »Rekordsünder«

UNNÜTZES WISSEN AUS DEM SCHIEDSRICHTERWESEN

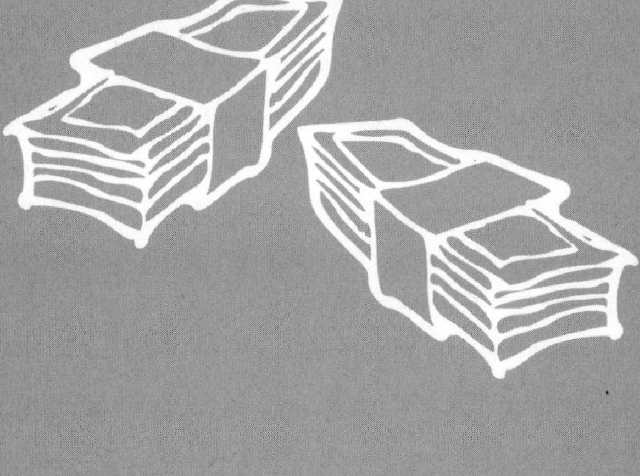

DIE ERFINDUNG VON GELBER UND ROTER KARTE

Seit 1877 ist in den Fußballregeln verankert, bei grob unsportlichem Verhalten einem Spieler einen Platzverweis zu erteilen. Allerdings besaßen die Schiedsrichter damals noch keine Rote oder Gelbe Karte. Diese Hilfsmittel erhielten die Schiedsrichter erst zur Weltmeisterschaft 1970.

Der englische Lehrer und Referee Ken Aston gilt als Erfinder jener Karten. Die Idee soll Aston beim Autofahren gekommen sein, als er selbst bei einer roten Ampel halten musste. Zuvor hatte es im internationalen Fußball immer öfter Probleme mit der Akzeptanz und Transparenz von Platzverweisen gegeben. Bei der WM 1962 etwa leitete Aston selbst die Partie Chile gegen Italien (2:0). Jene Partie wird auch die »Schlacht von Santiago« genannt. Drei Mal mussten bewaffnete Polizisten aufs Feld eilen, um Aston zu unterstützen. Es gab zwei Platzverweise für die Italiener und zahlreiche Rangeleien. Bei der WM 1966 in England fungierte Aston als eine Art Supervisor und hatte alle Hände voll zu tun, als die Gastgeber im Viertelfinale auf Argentinien trafen. Unter anderem wollte Argentiniens Kapitän Rattin nach einem Platzverweis das Feld nicht verlassen. Später kam auch noch Verwirrung auf, welche englischen Spieler denn eine Verwarnung erhalten hatten. Für all diese Transparenzproblem lieferte Aston dann selbst die Lösung: mit der Einführung der Gelben und Roten Karte. Die Gelb-Rote Karte wurde 1991 zusätzlich in den

Strafenkatalog aufgenommen. Die erste Gelb-Rote Karte in der Bundesliga erhielt dann am 20. August 1991 Stefan Effenberg in der Partie Bayern München gegen Schalke 04 (3:2).

DIE FAIRPLAY-TABELLE

Zum Fußball gehört dazu, fair zu spielen. In der Bundesliga führt der DFB eine Fairplay-Tabelle. Gewertet wird nach einem Strafpunktesystem: Für eine Gelbe Karte erhält das jeweilige Team einen Punkt, für eine Gelb-Rote Karte sind es drei Punkte und für eine Rote Karte fünf Punkte. Die Fairplay-Meister, also diejenigen Teams mit den wenigsten Strafpunkten, der letzten zehn Bundesliga-Saisons im Überblick:

- 2010/11: Borussia Dortmund (42 Punkte)
- 2011/12: Borussia Dortmund (42 Punkte)
- 2012/13: Bayern München (38 Punkte)
- 2013/14: Borussia Dortmund (51 Punkte)
- 2014/15: VfL Wolfsburg (46 Punkte)
- 2015/16: Borussia Dortmund (39 Punkte)
- 2016/17: Bayern München (47 Punkte)
- 2017/18: Bayern München (42 Punkte)
- 2018/19: Borussia Mönchengladbach (43 Punkte)
- 2019/20: SC Freiburg und Borussia Dortmund (jeweils 50 Punkte)

Borussia Dortmund hat somit in fünf der letzten zehn Saisons das fairste Team der Bundesliga gestellt. Weitere Fakten: Nur in fünf der letzten zehn Saisons gewann der deutsche Meister zeitgleich auch die Fairplay-Meisterschaft. Und: Trainer Dieter Hecking, gelernter Polizeimeister, führte mit dem VfL Wolfsburg 2014/15 und mit Borussia Mönchengladbach 2018/19 gleich zwei Teams zur Fairplay-Meisterschaft in der Bundesliga.

REKORDSÜNDER BUNDESLIGA

Jens Nowotny war deutscher Nationalspieler (1997–2006), bei seinen Klubs Karlsruher SC und Bayer Leverkusen zählte er zu den Leistungsträgern. Doch nicht jedes Abwehrmanöver des Liberos ging gut. So ist Nowotny in der Bundesliga Rekordhalter in Sachen Platzverweise. Die Schiedsrichter schickten ihn insgesamt acht Mal vom Feld, fünf Mal mit einer Roten Karte, drei Mal mit einer Gelb-Roten Karte.

Nowotny teilt sich den Platzverweis-Rekord seit 2017 mit dem defensiven Mittelfeldspieler Luiz Gustavo. Der Brasilianer, der in der Bundesliga für die TSG 1899 Hoffenheim, den FC Bayern und VfL Wolfsburg spielte, musste ebenfalls acht Mal vom Platz. Sieben Mal sah Gustavo Gelb-Rot, einmal bekam er Rot.

Den frühesten Platzverweis in einer Bundesligapartie erhielt Youssef Mohamad. Am 21. August 2010 schickte Schiedsrichter

Dr. Felix Brych den Profi des 1. FC Köln bereits nach 93(!) Sekunden vom Platz. Die Kölner unterlagen dann dem 1. FC Kaiserslautern mit 1:3. Mohamad erhielt zwar den frühesten Platzverweis in der Bundesligahistorie, aber nicht den schnellsten. Diesen zweifelhaften Rekord hält Marcel Titsch-Rivero. Der Defensivakteur kam am 14. Mai 2011 für Eintracht Frankfurt beim Spiel gegen Borussia Dortmund (1:3) in der 79. Spielminute in die Partie. 43 Sekunden später musste Titsch-Rivero aufgrund einer Notbremse schon wieder das Feld verlassen.

Stefan Effenberg, mit dem FC Bayern Champions-League-Sieger 2001, sammelte in seiner Karriere die meisten Gelben Karten in der Bundesligageschichte. Der Regisseur erhielt in 370 Bundesliga-Einsätzen für Borussia Mönchengladbach, Bayern München und den VfL Wolfsburg 114 Gelbe Karten.

Den Gelbe-Karten-Rekord innerhalb einer Saison hat jedoch Klaus Gjasula aufgestellt. Der Defensivakteur erhielt in der Saison 2019/20 im Trikot des SC Paderborn insgesamt 17 Gelbe Karten.

SO VIEL VERDIENEN SCHIEDSRICHTER

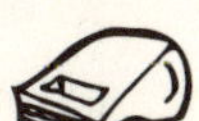

Seit 1873 kommt der Begriff Schiedsrichter in den Fußballregeln vor, doch eine nachhaltige Professionalisierung des Schiedsrichterwesens erfolgte erst ab den 1990er-Jahren. Aber auch die besten Schiedsrichter in Deutschland mussten sich mit umgerechnet wenigen Hundert Euro für einen Einsatz in der Bundesliga zufriedengeben. Wohlgemerkt betrug der Zeitaufwand für einen Unparteiischen bereits damals mindestens zwei Tage für Vorbereitung, An- und Abreise sowie Spielleitung. Eine angemessene Bezahlung für diesen immer anspruchsvolleren Job erfolgte erst nach der Jahrtausendwende.

Weiterhin gehen aber alle Bundesliga-Schiedsrichter einem gewöhnlichen Beruf nach. Deutschlands bester Unparteiischer, Dr. Felix Brych, ist beispielsweise Jurist und arbeitet in der Geschäftsstelle des Bayerischen Fußballverbandes (BJV).

Im Jahr 2012 hat der DFB ein jährliches Grundgehalt für die besten Schiedsrichter in Deutschland eingeführt. Das System sieht für die Bezahlung verschiedene Kategorien vor. Dem Vernehmen nach gilt:

- 80 000 Euro pro Jahr erhalten die deutschen FIFA-Schiedsrichter.
- 70 000 Euro bekommen Bundesliga-Schiedsrichter mit mindestens fünf Jahren Erfahrung im deutschen Oberhaus.
- 60 000 Euro stehen den weiteren Bundesliga-Schiedsrichtern zu.
- 45 000 Euro erhalten Schiedsrichterassistenten, die auch bei Spielen der FIFA im Einsatz sind.
- 40 000 Euro sind für die weiteren Schiedsrichterassistenten

der Bundesliga vorgesehen und für die Schiedsrichter der 2. Bundesliga.

- 4500 Euro sind als Betrag für Schiedsrichterassistenten der 2. Bundesliga festgelegt.

Hinzu kommt die Bezahlung des Schiedsrichters für den jeweiligen Einsatz bei einem Spiel:

- 5000 Euro gibt es für das Leiten einer Partie in der Bundesliga.
- 2500 Euro erhält ein Schiedsrichterassistent für eine Erstligapartie.
- 1250 Euro gehen an den 4. Offiziellen, der am Seitenrand unter anderem mit den Trainern intensiv kommuniziert und die Auswechslungen managt.
- 1250 Euro sind auch für den Video-Schiedsrichter vorgesehen, der im »Kölner Keller« vor zahlreichen TV-Bildschirmen sitzt und kritische Situationen überprüft.
- 2500 Euro erhält ein Referee für das Leiten einer Partie in der 2. Liga.
- 1250 Euro sind es für einen Schiedsrichterassistenten in der 2. Liga.
- 600 Euro stehen in der 2. Liga dem 4. Offiziellen zu.

Schiedsrichter, die unterhalb der 2. Liga zum Einsatz kommen, müssen sich mit deutlich weniger Geld begnügen:

- 750 Euro erhält ein Unparteiischer in der 3. Liga.

- 20 Euro sind es in der Regel für einen Schiedsrichtereinsatz in der Kreisliga.
- Ein Blick in die europäischen Nachbarländer:
- 45 000 bis rund 50 000 Euro beträgt das Grundgehalt eines Schiedsrichters in der englischen Premier League. 1340 Euro gibt es zusätzlich pro Einsatz.
- 40 000 bis 80 000 Euro sind es an Grundgehalt im Jahr für einen italienischen Top-Schiedsrichter.
- 3800 Euro kommen noch mal pro Einsatz in der Serie A hinzu.

Der Europäische Fußballverband UEFA wiederum teilt seine Schiedsrichter für das Leiten von Spielen in der Champions League und Europa League in verschiedene Kategorien ein. Von der Kategorie leitet sich der Verdienst ab. Die niedrigste Kategorie sieht für einen Schiedsrichter eine Vergütung von 4800 Euro pro Partie vor. Ab dem Viertelfinale sind es 5800 Euro.

FIFA und UEFA haben auch für Welt- und Europameisterschaften Leistungs- und Preiskategorien festgelegt. Bei der Europameisterschaft 2016 in Frankreich erhielt ein Schiedsrichter pro Spiel 10 000 Euro. Bei der Weltmeisterschaft 2018 in Russland legte die FIFA für die Schiedsrichter ein Fixgehalt von 57 000 Euro fest. Pro Einsatz gab es dann noch 2400 Euro zusätzlich. Die Schiedsrichterassistenten erhielten eine Fixsumme von 20 000 Euro sowie pro Einsatz zusätzlich 1600 Euro.

DIE BESTEN SCHIEDSRICHTER DER WELT

Die International Federation of Football History & Statistics (IFFHS) ist eine internationale Vereinigung von Fußballstatistikern und kürt seit 1987 jährlich den »Welt-Schiedsrichter«. Die Jury besteht dabei aus Fachredaktionen und Experten aus 70 Ländern.

Romualdo Arppi Filho aus Brasilien erhielt 1987 als erster Referee diese Auszeichnung.

Aron Schmidhuber (1992), **Dr. Markus Merk** (2004, 2005, 2007) und **Dr. Felix Brych** (2017) konnten bislang als deutsche Schiedsrichter diese Auszeichnung gewinnen.

Pierluigi Collina ist Rekordhalter in dieser Wertung. Der Italiener erhielt zwischen 1998 und 2003 die Auszeichnung sechs Mal in Folge! Zuvor war der Ungar **Sándor Puhl** Rekordhalter, der zwischen 1994 und 1997 vier Mal in Folge zum »Welt-Schiedsrichter« gekürt wurde.

Seit 2012 wird auch die »Welt-Schiedsrichterin« gewählt. Rekordhalterin ist die deutsche Unparteiische **Bibiana Steinhaus**, die in den Jahren 2013, 2014 sowie 2017 und 2018 die Auszeichnung bekam.

Die »Schande von Gijón«

MOMENTE ZUM FREMDSCHÄMEN

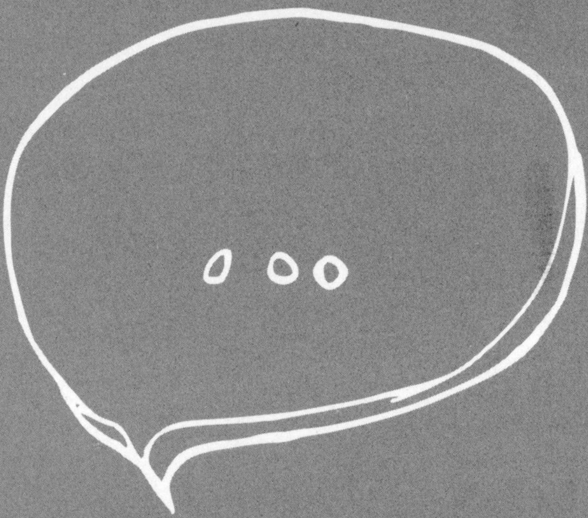

DIE NEUN PEINLICHSTEN LÄNDERSPIELE DES DFB-TEAMS

Die deutsche Nationalmannschaft hat viele großartige Siege eingefahren und wurde vier Mal Weltmeister (1954, 1974, 1990, 2014) sowie drei Mal Europameister (1972, 1980, 1996). Dennoch hat auch das DFB-Team Krisenphasen durchlebt und dabei den Fans manche peinliche Darbietung geboten. Neun Peinlich-Spiele in der Kurzzusammenfassung:

Die »Schmach von Tirana«, 1967

Vize-Weltmeister Deutschland will sich erstmals für eine Europameisterschaft qualifizieren. In der Gruppe mit dem damaligen Jugoslawien sowie Albanien ist Platz eins nötig, um sich das Ticket für das Turnier 1968 in Italien zu sichern. Am 17. Dezember 1967 fehlt dem DFB-Team mit Bundestrainer Helmut Schön in der letzten Partie nur noch ein Sieg beim Gastspiel in Albanien, dann ist die EM-Quali geglückt. Doch gegen den krassen Außenseiter gibt es vor 28 000 Zuschauern in Tirana nur ein 0:0. Deutschland verpasst überraschend seine erste EM-Teilnahme.

Die Niederlage im »Bruder-Duell«, 1974

1974 war Deutschland noch in West- und Ostdeutschland geteilt. Bei der westdeutschen Heim-Weltmeisterschaft 1974 kommt es in der Gruppenphase am 22. Juni in Hamburg zum Duell zwischen der Bundesrepublik Deutschland und der Deutschen Demokratischen Republik. Die favorisierte BRD unterliegt der DDR durch ein Tor von Jürgen Sparwasser mit 0:1. Danach herrscht zwischenzeitlich große Tristesse in Westdeutschland vor. Es muss erst zur teaminternen Aussprache und einigen Umstellungen kommen, bevor sich das DFB-Team mit Kapitän Franz Beckenbauer aufmacht, doch noch den WM-Titel zu gewinnen.

Die »Schmach von Córdoba«, 1978

Weltmeister Deutschland trifft in der WM-Zwischenrunde am 21. Juni 1978 im argentinischen Córdoba auf Außenseiter Österreich. Deutschland hat noch theoretisch die Möglichkeit, Gruppenplatz eins zu erreichen und sich für das Endspiel der Weltmeisterschaft zu qualifizieren. Für Gruppenplatz zwei und das anschließende »kleine Finale« um WM-Rang drei stehen die Chancen noch besser. Bis kurz vor Schluss heißt es 2:2 zwischen Deutschland und Österreich, der Titelverteidiger hält damit zumindest Kurs auf das »kleine Finale«. Doch die bereits ausgeschiedenen Österreicher erzielen in der 87. Spielminute durch Hans Krankl das 3:2 – somit tritt Deutschland gemeinsam mit dem kleinen Nachbarstaat vorzeitig die Heimreise an.

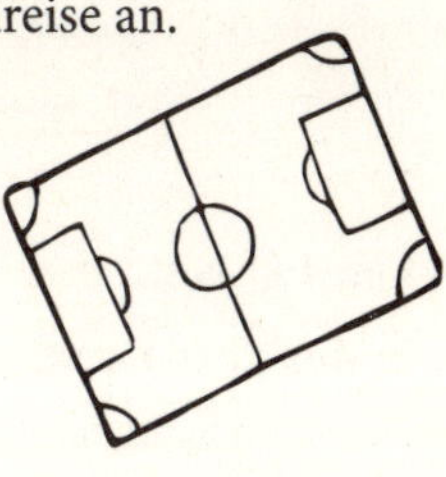

Die »Schande von Gijón«, 1982

Vier Jahre später trifft Europameister Deutschland am 25. Juni 1982 bei der WM in Spanien in der ersten Gruppenphase wieder auf Österreich. Für beide Teams geht es um das Weiterkommen in die Zwischenrunde. Die letzten beiden Gruppenpaarungen werden damals noch nicht zeitgleich ausgetragen, der 3:2-Erfolg von Konkurrent Algerien über Chile ist beiden Teams bekannt. Deutschland benötigt demnach einen Sieg, um weiterzukommen – für Österreich reicht auch eine knappe Niederlage für das Vorrücken in die nächste Runde aus. Deutschland ist zunächst im Angriffsmodus und erzielt durch Horst Hrubesch das 1:0 in der 11. Spielminute. Doch spätestens in der 2. Halbzeit stellen beide Mannschaften jegliche Angriffsbemühungen ein. Die Teams spielen den Ball meist zum Torwart zurück, der das Leder den Regeln nach noch mit der Hand annehmen darf. Lange Bälle werden harmlos nach vorne gespielt, der Gegner kaum attackiert. Die Zuschauer äußern ihren Unmut – es bleibt aber bei einem intuitiven Nichtangriffspakt. Deutschland siegt 1:0, beide Teams gelangen in die nächste Runde – zulasten von Algerien. Die Weltpresse ist über die »Schande von Gijón« zu Recht empört.

»Rumpelfußball 2000«: EM-Debakel gegen Portugal

Um die Jahrtausendwende befindet sich die deutsche Nationalmannschaft in einem sehr schlechten Zustand. Mit Teamchef

Erich Ribbeck verliert Deutschland im Jahr 1999 sogar zwei Mal innerhalb kurzer Zeit gegen Außenseiter USA (0:3, 0:2). Der negative Höhepunkt der später von Medien abschätzig als »Rumpelfußball« bezeichneten Spielweise folgt bei der Europameisterschaft 2000 in Belgien und den Niederlanden. Im letzten Gruppenspiel besteht für Deutschland noch eine theoretische Chance auf das Weiterkommen ins Viertelfinale. Doch gegen die bereits qualifizierten Portugiesen, die mit einer »B-Elf« antreten, kassiert das DFB-Team am 20. Juni 2000 eine demoralisierende 0:3-Pleite. Alle drei Treffer für Portugal erzielt Sérgio Conceição. Deutschland scheidet vorzeitig aus dem Turnier aus. Danach ist das Echo über die schwache Leistung des Nationalteams so verheerend, dass der Deutsche Fußball-Bund (DFB) unter Handlungsdruck gerät und auf allen Ebenen weitreichende Reformen einleitet.

Das torlose Remis gegen Island im Jahr 2003

Unter Teamchef Rudi Völler, so wirkt es zunächst, entwickelt sich der deutsche Fußball positiv weiter. 2002 springt die Vize-Weltmeisterschaft heraus. Doch die Qualifikation zur Europameisterschaft 2004 in Portugal gestaltet sich zäh, am 6. September 2003 spielt Deutschland bei Gastgeber Island in einer ausgeglichenen Partie nur 0:0. Es ist eine schwache Leistung des DFB-Teams, was TV-Moderator Gerhard Delling und Ex-Profi Günter Netzer kurz nach dem Spiel in der ARD auch ansprechen und als »neuen Tiefpunkt« bezeichnen. Teamchef Rudi Völler sitzt unterdessen bei Moderator Waldemar Hartmann. Völler bekommt das Gesagte mit und setzt zu einer legendären Wutrede an, in der er die überzogene Kritik der Medien beklagt. Hartmann versucht, Delling und Netzer sowie die Journalisten zu verteidigen. Daraufhin bekommt auch Hartmann sein Fett weg. Auf die Einrede Hartmanns, er selbst habe hier ja nicht die Schärfe in die Beurteilung der deutschen Mannschaft reingebracht, erwidert Völler deutlich erregt, das stimme zwar, aber er, Hartmann, habe ja auch bereits »drei Weizenbier getrunken«. Über Völlers Wutrede wird im Anschluss in Fußball-Deutschland über Wochen diskutiert, das 0:0 gegen Island brennt sich so noch mehr in die Köpfe der Fans ein als peinliche Leistung des DFB-Teams.

»Jetzt plätten wir die Letten«: Remis gegen Lettland 2004

Bei der EM 2004 in Portugal startet Deutschland mit einem beachtlichen 1:1 gegen die Niederlande. Im zweiten Gruppenspiel am 19. Juni 2004 soll für das DFB-Team nun gegen den krassen Außenseiter Lettland ein Sieg her, um sich für das Gruppenfinale gegen Tschechien eine ideale Ausgangsposition zu verschaffen. Die *Bild-Zeitung* titelt nach dem 1:1 gegen die Niederlande und im Vorfeld der Partie gegen Lettland auf der Hauptseite: »Jetzt plätten wir die Letten.« Leider kommt es aus deutscher Sicht anders als gedacht. Lettland, auf Platz 53 der FIFA-Weltrangliste und EM-Neuling, betoniert sich am Strafraum ein. Das deutsche Team weist viel Ballbesitz auf, es fehlt aber an Wucht und

Kreativität, um den Abwehrriegel der Letten zu knacken. Es bleibt beim enttäuschenden 0:0. Deutschland verliert danach mit 1:2 gegen Tschechien und scheidet wie 2000 erneut vorzeitig aus dem EM-Turnier aus.

Das WM-Aus gegen Südkorea, 2018

Voller Selbstvertrauen reist Titelverteidiger Deutschland zur WM 2018 nach Russland, auch einige schwache Testspiele nagen nicht an der Überzeugungskraft des Teams von Bundestrainer Joachim Löw, erneut den WM-Pokal zu gewinnen. Nach einem erschreckenden 0:1 gegen Mexiko und einem Last-Minute-Sieg gegen Schweden (2:1) kann sich Deutschland im anstehenden dritten Gruppenspiel mit einem Sieg gegen Außenseiter Südkorea große Hoffnungen auf das Vorrücken in die K.-o.-Runde machen. Doch am 27. Juni 2018 folgt die große Blamage: Deutschland nutzt seine wenigen Torchancen nicht, Südkorea trifft in der Nachspielzeit doppelt und wirft den Titelverteidiger mit einem 2:0-Sieg aus dem WM-Turnier.

Die 0:6-Pleite gegen Spanien, 2020

In der »Nations League« hat Deutschland am 17. November 2020 am letzten Spieltag die Chance auf den Gruppensieg – ein Remis in Spanien würde dazu ausreichen. Doch der Weltmeister von 2010 (Spanien) zerlegt den Weltmeister von 2014 (Deutschland) in alle Einzelteile. Die Mannschaft von Bundestrainer Joachim

Löw, die fast in Bestbesetzung gegen eine B-Elf der Spanier antritt – in der Startelf stehen jeweils nur ein Profi von Real Madrid und dem FC Barcelona – liegt zur Pause mit 0:3 zurück und verliert die Partie am Ende mit 0:6. Es ist – wie das 0:6 gegen Österreich im Mai 1931 – die zweithöchste Niederlage in der Geschichte der deutschen Nationalmannschaft. Höher fiel eine Niederlage der deutschen Mannschaft nur im März 1909 aus: Damals unterlag Deutschland mit 0:9 gegen England.

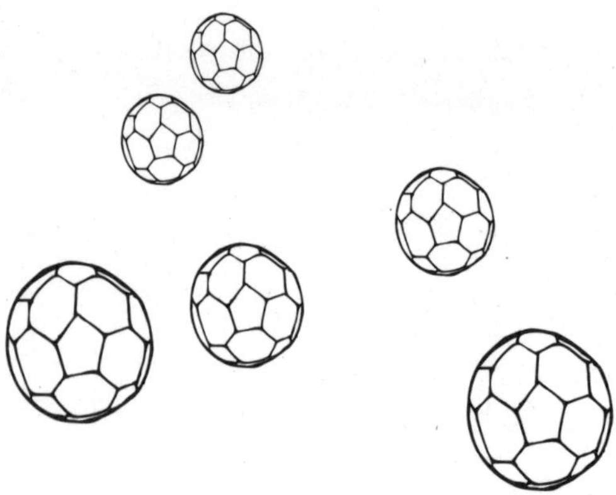

Als Messi weinte – und worin sich Deutschland und England am meisten unterscheiden

FAKTEN ZUM ELFMETERSCHIESSEN

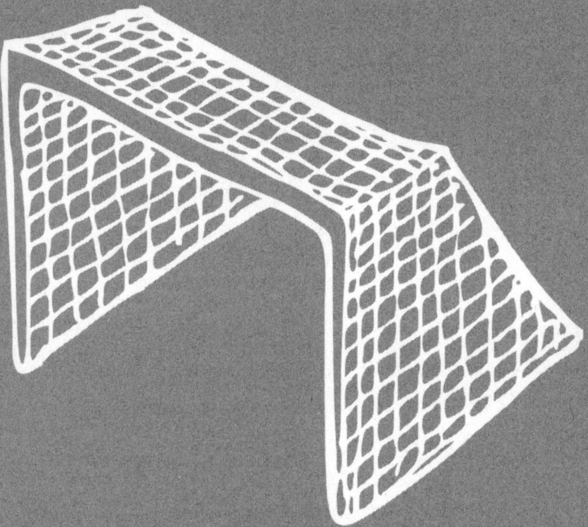

DIE ANGST VOR DEM ELFMETER

Regelmäßig kommt die Frage auf, wie es denn sein kann, dass ein Top-Profi einen Elfmeter verschießt. Schließlich hat er alle Zeit der Welt, sich zu überlegen, wie er in Ruhe und freistehend aus 10,97 Metern platziert den Ball in das 2,44 Meter hohe und 7,32 Meter breite Tor schießt. Da sollte der Keeper im Eins-zu-eins-Duell eigentlich ohne Chance sein.

Wenn es nach dem fußballverliebten Physikprofessor Metin Tolan geht, hat der Torwart formal zumindest eine kleine Chance, den Schuss zu parieren. Ein Fußballtor hat eine Fläche von 18 Quadratmetern. Ein Torwart ist bis zu zwei Meter groß und besitzt eine Armspannweite von 2,50 Metern, was eine Fläche von 5 Quadratmetern ergibt. Und diese 5 Quadratmeter geteilt durch 18 Quadratmeter, das macht 0,27. Folglich kann der Torwart zumindest 27 Prozent seines Tors abdecken.

In der Praxis jedenfalls fällt auf, dass auch die absoluten Superstars des Fußballs beim Elfmeter immer wieder mal scheitern – besonders wenn es darauf ankommt.

Gerd Müller zum Beispiel, der Bundesliga-Rekordtorschütze und beste deutsche Torjäger aller Zeiten, vergab in seiner Karriere 12 seiner 62 Elfmeter in der Bundesliga (1965–1979). Mehrmals trat er bei Bayern München als Elfmeterschütze zurück, er wagte dann aber auch immer wieder einen Neuanlauf vom Punkt.

Zu Beginn der 1990er-Jahre war Roberto Baggio einer der besten Angreifer der Welt. Doch ausgerechnet bei seinem vermeintlichen Karrierehöhepunkt lief alles schief. Im WM-Finale 1994 im Duell gegen Brasilien trat Baggio im Elfmeterschießen als letzter Schütze für Italien an – und zielte den Ball mit rechts knapp über das linke Kreuzeck. Der WM-Titel ging an Brasilien.

Spiegelverkehrt passierte dieser Fauxpas zehn Jahre später David Beckham. Im EM-Viertelfinale gegen Portugal trat der Weltstar als erster Schütze für England im Elfmeterschießen an. Der »Meister der ruhenden Bälle« schoss das Leder über das rechte Kreuzeck. Da auch noch Teamkollege Darius Vassell seinen Elfer vergab, zog Portugal ins Halbfinale ein.

Auch Portugals Megastar Cristiano Ronaldo, der in besagtem EM-Viertelfinale bereits mit von der Partie war, hat schon bittere Momente beim Shootout erlebt. Im Champions-League-Halbfinale 2012 zwischen Real Madrid und Bayern München kam es zum Elfmeterschießen. Ronaldo trat als erster Schütze für Real an und schoss den Ball flach ins linke Eck – dort war jedoch Bayern-Keeper Manuel Neuer zur Stelle und parierte den Schuss. Weil bei Real insgesamt drei Schützen ihren Elfmeter versiebten, rückten die Münchner ins Finale vor.

Lionel Messi gilt gemeinsam mit Cristiano Ronaldo als bester Fußballer der Welt. Doch auch Messi musste einst weinen, weil er beim Elfmeter versagte. Bei der Copa America Centenario

2016, der Kontinentalmeisterschaft in Südamerika, traten Argentinien und Chile im Finale an. 0:0 hieß es nach der regulären Spielzeit, es folgte das Elfmeterschießen. Für Chile vergab zunächst Arturo Vidal, dann sollte Lionel Messi Argentinien in Führung bringen. Messi lief an – und schoss mit links den Ball deutlich über die Latte. Da später auch Teamkollege Lucas Biglia nicht traf, holte Chile seinen zweiten Copa-Titel. Messi war anschließend geschockt, weinte und wurde von Teamkollegen und Gegenspielern getröstet. Danach gab Messi seinen Rücktritt aus der Nationalmannschaft bekannt, nahm diesen aber wenige Wochen später wieder zurück.

DIE DEUTSCHE NATIONALMANNSCHAFT IM ELFMETERSCHIESSEN: NOBODY DOES IT BETTER!

Bei Welt- und Europameisterschaften gibt es kein Team, dass insgesamt öfter Elfmeterschießen gewonnen hat als die deutsche Nationalmannschaft. Dabei begann alles mit einem Trauma. Bei Europameisterschaften wurde das Elfmeterschießen zum Turnier 1976 eingeführt – und prompt kam es im Finale zum Shootout. Deutschland unterlag der damaligen Tschechoslowakei vor allem deshalb im Gesamtscore mit 5:7, weil Uli Hoeneß seinen Elfmeter deutlich über das Tor schoss, während Antonín Panenka danach den Ball cool über Torwart Sepp Maier lupfte. Doch im Anschluss ließen deutsche Nationalmannschaften vom Punkt aus nichts mehr anbrennen. Die Übersicht:

Im WM-Halbfinale 1982 siegte Deutschland im Elfmeterschießen mit 5:4 gegen Frankreich.

Im WM-Viertelfinale 1986 musste sich Mexiko im Elfmeterschießen der deutschen Nationalmannschaft mit 1:4 geschlagen geben.

Im WM-Halbfinale 1990 bezwang Deutschland Erzrivale England mit 4:3 im Elfmeterschießen und zog ins Finale ein.

Im EM-Halbfinale 1996 besiegte Deutschland erneut England. Im Londoner Wembley-Stadion setzte sich das DFB-Team mit 6:5 im Elfmeterschießen durch.

Im WM-Viertelfinale 2006 folgte der nächste Erfolg der deutschen Nationalmannschaft im Elfmeterschießen: Es gab bei der Heim-WM ein viel umjubeltes 4:2 im Shootout gegen Argentinien.

Im EM-Viertelfinale 2016 setzte sich Deutschland dann mit 6:5 im Elfmeterschießen gegen Italien durch.

Beeindruckende Fakten: Insgesamt 37 Mal trat ein Schütze des DFB-Teams beim Elfmeterschießen bei einer EM oder WM an. 32 dieser 37 Elfmeter wurden verwandelt, eine Quote von 86,5 Prozent. Einzig Uli Hoeneß (EM 1976), Uli Stielike (WM 1982) sowie das Trio Thomas Müller, Mesut Özil und Bastian Schweinsteiger (EM 2016) vergaben vom Punkt.

Zwischen den Turnierjahren 1986 und 2006 besitzt das deutsche Team sogar eine makellose Bilanz beim Elfmeterschießen: In diesem Zeitraum wurden 18 von 18 Elfmetern verwandelt!

DIESE NATIONEN TRUMPFEN BEI WM UND EM IM ELFMETERSCHIESSEN AUF

Die deutsche Nationalmannschaft hat in der Gesamtschau, wie aufgezeigt, die meisten Elfmeterschießen bei Welt- und Europameisterschaften gewonnen. Geht es aber um eine komplett makellose Bilanz bei diesen Turnieren ist die Tschechische Republik (vormals Tschechoslowakei) anzuführen. Tschechien musste drei Elfmeterschießen bestehen – und gewann alle drei, jeweils bei einer Europameisterschaft. Das macht eine Erfolgsquote von 100 Prozent. Deutschland kommt auf eine Erfolgsquote von 85,7 Prozent, da es »nur« sechs von sieben Shootouts gewann. Das Elfmeterschießen bei der EM 1972 gegen die Tschechoslowakei ging für das DFB-Team verloren.

Bei Europameisterschaften gab es 18 Elfmeterschießen.

Eine positive Bilanz bei der EM weisen auf:

- Tschechische Republik, 3 Siege bei 3 Elfmeterschießen
- Spanien, 3 Siege bei 4 Elfmeterschießen
- Deutschland, 2 Siege bei 3 Elfmeterschießen

- Portugal, 2 Siege bei 3 Elfmeterschießen
- Türkei, 1 Sieg bei 1 Elfmeterschießen

Eine ausgeglichene Bilanz besitzen Frankreich, Dänemark und Polen, die jeweils einen Sieg und eine Niederlage bei Elfmeterschießen während einer EM eingefahren haben.

Eine negative Bilanz weisen auf:

- England, 3 Niederlagen bei 4 Elfmeterschießen
- Niederlande, 3 Niederlagen bei 4 Elfmeterschießen
- Italien, 3 Niederlagen bei 5 Elfmeterschießen
- Kroatien, 1 Niederlage bei 1 Elfmeterschießen
- Schweden, 1 Niederlage bei 1 Elfmeterschießen
- Schweiz, 1 Niederlage bei 1 Elfmeterschießen

Bei Weltmeisterschaften haben insgesamt 30 Elfmeterschießen die Nerven der Beteiligten und der Zuschauer strapaziert.

Die Premiere gab es im WM-Halbfinale 1982, Deutschland bezwang damals Rivale Frankreich mit 5:4 im Shootout.

Eine positive Bilanz weisen auf:

- Deutschland, 4 Siege bei 4 Elfmeterschießen
- Argentinien, 4 Siege bei 5 Elfmeterschießen
- Brasilien, 3 Siege bei 4 Elfmeterschießen
- Kroatien, 2 Siege bei 2 Elfmeterschießen
- Belgien, 1 Sieg bei 1 Elfmeterschießen

- Bulgarien, 1 Sieg bei 1 Elfmeterschießen
- Paraguay, 1 Sieg bei 1 Elfmeterschießen
- Portugal, 1 Sieg bei 1 Elfmeterschießen
- Schweden, 1 Sieg bei 1 Elfmeterschießen
- Südkorea, 1 Sieg bei 1 Elfmeterschießen
- Ukraine, 1 Sieg bei 1 Elfmeterschießen
- Uruguay, 1 Sieg bei 1 Elfmeterschießen

Eine ausgeglichene Bilanz in Sachen Elfmeterschießen bei Weltmeisterschaften haben Frankreich (2 Siege und 2 Niederlagen), Irland, Costa Rica und Russland (jeweils 1 Sieg und 1 Niederlage).

Eine negative Bilanz weisen auf:

- England, 3 Niederlagen bei 4 Elfmeterschießen
- Italien, 3 Niederlagen bei 4 Elfmeterschießen
- Spanien, 3 Niederlagen bei 4 Elfmeterschießen
- Mexiko, 2 Niederlagen bei 2 Elfmeterschießen
- Rumänien, 2 Niederlagen bei 2 Elfmeterschießen
- Niederlande, 2 Niederlagen bei 3 Elfmeterschießen
- Chile, 1 Niederlage bei 1 Elfmeterschießen
- Dänemark, 1 Niederlage bei 1 Elfmeterschießen
- Ghana, 1 Niederlage bei 1 Elfmeterschießen
- Griechenland, 1 Niederlage bei 1 Elfmeterschießen
- Kolumbien, 1 Niederlage bei 1 Elfmeterschießen
- Japan, 1 Niederlage bei 1 Elfmeterschießen
- (ehemaliges) Jugoslawien, 1 Niederlage bei 1 Elfmeterschießen
- Schweiz, 1 Niederlage bei 1 Elfmeterschießen

Zählt man nun die Ergebnisse der Elfmeterschießen der europäischen Nationen bei Europa- und Weltmeisterschaften zusammen, ergibt sich ein leicht geändertes Bild.

Die drei erfolgreichsten Mannschaften bei WM- und EM-Shootouts sind dann:

- Deutschland, 6 Siege bei 7 Elfmeterschießen
- Tschechien, 3 Siege bei 3 Elfmeterschießen
- Portugal, 3 Siege bei 4 Elfmeterschießen

Die Mannschaften mit den schwächsten Nerven bei WM- und EM-Shootouts:

- England, 6 Niederlagen bei 8 Elfmeterschießen
- Italien, 6 Niederlagen bei 9 Elfmeterschießen
- Niederlande, 5 Niederlagen bei 7 Elfmeterschießen
- Spanien, 4 Niederlagen bei 8 Elfmeterschießen

Bis 2018 hatte England keines seiner drei Elfmeterschießen bei einer WM gewonnen, dann folgte zumindest ein Sieg im Achtelfinale gegen Kolumbien.

Die Italiener traf es besonders in den 1990er-Jahren hart. Bei der Heim-WM 1990 unterlag Italien im Halbfinale Argentinien im Elfmeterschießen mit 3:4. 1994 ging das Finale gegen Brasilien bei der in den USA ausgetragenen WM im Shootout mit 2 : 3 verloren. 1998 folgte der Knock-out im Viertelfinale gegen WM-Gastgeber Frankreich (3:4 i. E.). Die Revanche gegen Frankreich folgte allerdings 2006, als Italien das Endspiel mit 5:3 im Elfmeterschießen gewann.

Die Niederlande mussten vier ihrer fünf Niederlagen im Elfmeterschießen in einem Halbfinale hinnehmen: 1992 im EM-Halbfinale gegen Dänemark (4:5 i. E.), 1998 im WM-Halbfinale gegen Brasilien (2:4 i. E.), 2000 bei der Heim-EM gegen Italien (1:3 i. E.) und 2014 im WM-Halbfinale gegen Argentinien (2:4 i. E.).

Spanien hat zwar vier seiner acht Elfmeterschießen verloren, aber: Auf dem Weg zu den EM-Triumphen 2008 und 2012 setzten sich die Iberer jeweils einmal im Elfmeterschießen durch. Im EM-Viertelfinale 2008 gab es einen 4:2-Erfolg im Shootout gegen Italien. 2012 folgte im EM-Halbfinale ebenfalls ein 4:2-Sieg im Elfmeterschießen – dieses Mal gegen Portugal.

Abschlussfacts: In der Tendenz gewinnt ein Team während einer WM oder EM keine zwei Elfmeterschießen. Ausnahmen waren einzig Argentinien bei der WM 1990 (Siege im Viertel- und Halbfinale) und Kroatien bei der WM 2018 (Siege im Achtel- und Viertelfinale). Und: Erst ein EM-Finale (1976) und zwei WM-Endspiele (1994, 2006) wurden im Elfmeterschießen entschieden.

»Ein frühes Tor würde dem Spiel guttun«

VON »BLITZTOREN« UND REKORDTORSCHÜTZEN

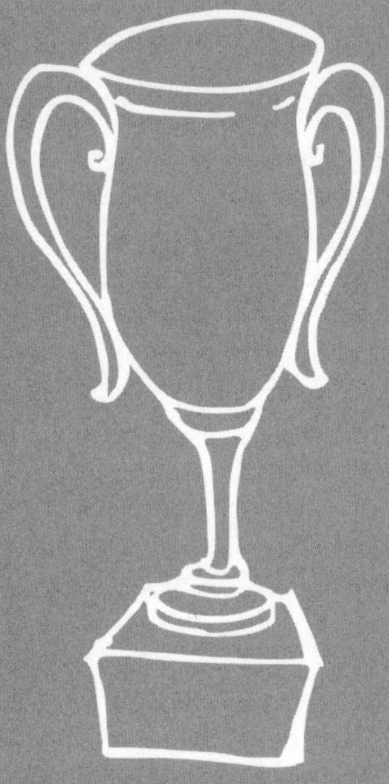

TORGEFÄHRLICHE TORHÜTER

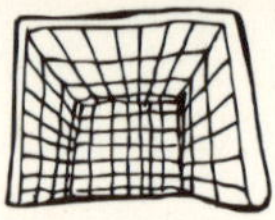

Sicherlich, die oberste Aufgabe eines Torhüters ist das Verhindern von Toren. Doch in manch einem Keeper steckt auch das Torjäger-Gen.

Der Mexikaner Jorge Campos, der aufgrund seiner fantasievollen und bunten Torwarttrikots als »Paradiesvogel« bezeichnet wurde, ließ sich zu Freistößen und Elfmetern nicht lange bitten. 31 Mal zählten Statistiker einen Freistoßtreffer des Torhüters, 9 Mal ein Elfmetertor. Campos, der zwischen 1988 und 2004 als Profi aktiv war, wurde teilweise sogar als Stürmer eingesetzt. Allerdings blieb ihm dabei ein Treffer verwehrt.

Der Kolumbianer René Higuita war von 1985 bis 2009 als Profi im Einsatz und erlangte bei der Weltmeisterschaft 1990 größere Bekanntheit. Nicht nur wegen seiner starken Paraden und seiner ausgefallenen Frisur, sondern vor allem, weil sich der Keeper öfter in den Spielaufbau seiner Mannschaft einschaltete und dafür den Strafraum verließ. Higuita spielte in seiner Karriere für zahlreiche Klubs und durfte dabei phasenweise auch als Elfmeter- und Freistoßschütze antreten. Medienberichten zufolge kam Higuita auf insgesamt 41 Tore – 37 per Elfmeter und vier per Freistoß.

Mit José Luis Chilavert gab es einen weiteren torgefährlichen Keeper aus Südamerika. Dem deutschen Publikum wurde Chilavert besonders bekannt, als er mit Paraguay bei der WM 2002 im Achtelfinale gegen Deutschland spielte – das DFB-Team siegte allerdings mit 1:0. Chilavert war wohl einer der offensivsten Keeper der Welt, denn er trat nicht nur bei Elfmetern und Freistößen an, er suchte mit seinen Vorstößen gelegentlich sogar den Strafraum des Gegners auf. Die englische Wikipedia-Site listet für Chilavert 54 Pflichtspieltore auf Vereinsebene auf und 8 für die Nationalmannschaft. Chilavert spielte in seiner Karriere hauptsächlich für Vélez Sarsfield (1991–2000 und nochmals 2004). Für den argentinischen Traditionsklub gelang ihm am 28. November 1999 ein besonderer Weltrekord: Beim 6:1-Sieg in der Liga über Ferro Carril Oeste erzielte Chilavert gleich drei(!) der sechs Treffer seines Teams. Es waren jeweils Elfmetertore. Noch nie zuvor, so sagen es die Statistiker, waren auf Profi-Ebene einem Torhüter drei Tore in einem Pflichtspiel geglückt.

In Sachen torgefährliche Torhüter bleibt aber ein Keeper wohl unübertroffen: Rogério Ceni. Der Brasilianer, Ersatzkeeper der Weltmeistermannschaft von 2002, brachte es in seiner Profi-Karriere (1990–2015) auf 129 Tore. 65 Treffer davon erzielte er in der brasilianischen Liga für seinen Herzensklub FC São Paulo. Alle seine Tore gelangen ihm per Straf- oder Freistoß.

Der deutsche Rogério Ceni, wenn man so will, lautet Hans-Jörg Butt. Der gebürtige Oldenburger spielte in der Bundesliga für den Hamburger SV, Bayer 04 Leverkusen und Bayern München. Beim HSV (1997–2001) stieg Butt nicht nur zur Nummer eins, sondern auch zum Elfmeterschützen auf, als seine Teamkollegen sich vom Punkt als nicht treffsicher erwiesen. So erzielte Butt in vier Jahren beim HSV 21 Elfmetertore. Für Bayer Leverkusen (8), Bayern München (1), Bayern München II (1) und den VfB Oldenburg (6) sind insgesamt weitere 16 Pflichtspieltore verzeichnet.

26 seiner 37 Pflichtspieltore erzielte Butt in der Bundesliga, seine bedeutendsten Treffer dürften allerdings in der Champions League erfolgt sein. Beim legendären 4:4 in der Gruppenphase der Champions League im September 2000 traf Butt für den Hamburger SV zum zwischenzeitlichen 3:3-Ausgleich gegen Juventus Turin. Im März 2002 netzte er für Bayer Leverkusen ein – erneut gegen Juve. Leverkusen siegte mit 3:1. Im Dezember 2009 wiederum steckte sein damaliger Klub FC Bayern in der Krise und in der Champions League drohte das vorzeitige Aus gegen – aller guten Dinge sind drei – Juventus Turin! Die Münchner lagen mit 0:1 zurück, dann trat Butt in der 30. Spielminute zum Elfmeter an und traf zum 1:1. Der FC Bayern siegte am Ende mit 4:1 und startete bis zum Finale der Champions League durch.

Und wenn wir hier schon einen Abstecher zur Champions League machen: Auch Vincent Enyeama verwandelte bereits als Torhüter einen Elfmeter in der Champions League – für den israelischen Klub Hapoel Tel Aviv traf der Nigerianer gegen Olympique Lyon im September 2010. Tel Aviv verlor jedoch die Partie mit 1:3.

Sinan Bolat wiederum ist der einzige Torhüter in der CL-Historie, dem als Torhüter aus dem Spiel heraus ein Treffer gelang, der nicht aus einem Elfmeter resultierte. Der türkische Keeper traf im Jahr 2009 für Standard Lüttich in der Nachspielzeit gegen AZ Alkmaar per Kopf zum glücklichen 1 : 1-Ausgleich.

»BLITZTORE«

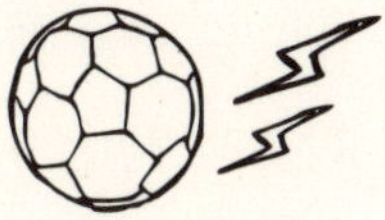

Wird in einer Partie rasend schnell ein Treffer erzielt, spricht mancher Kommentator gerne von einem »Blitztor«. Die schnellsten Treffer in den bedeutendsten Wettbewerben im Überblick:

In der Bundesliga teilen sich Kevin Volland und Karim Bellarabi den Rekord. 9 Sekunden benötigte **Kevin Volland,** um am 22. August 2015 die TSG 1899 Hoffenheim mit 1:0 gegen den FC Bayern in Führung zu bringen. Die Partie endete allerdings mit 2:1 für die Münchner.

Ebenfalls nur 9 Sekunden brauchte **Karim Bellarabi,** um am 23. August 2014 Bayer Leverkusen bei Borussia Dortmund mit 1:0 in Front zu schießen. Leverkusen siegte mit 2:0.

In der Champions League lief der FC Bayern einst gegen Real Madrid heiß: 10 Sekunden und 12 Hundertstel einer weiteren dauerte es, bis der Niederländer **Roy Makaay** den FC Bayern am 7. März 2007 mit 1:0 gegen Real Madrid in Führung gebracht hatte. Die Münchner siegten mit 2:1 und zogen dadurch ins Viertelfinale der Champions League ein.

Das schnellste Tor bei einer Weltmeisterschaft erzielte ein türkischer Nationalspieler: 11 Sekunden betrug die Zeit, die **Hakan Şükür** für den Führungstreffer der Türkei gegen Südkorea brauchte. Die Türkei gewann das Duell um Platz drei bei der WM 2002 am Ende mit 3:1.

Der »Blitztor«-Rekord bei einer Europameisterschaft stammt von der EM 2004 in Portugal. Nur 67 Sekunden hatte es am 20. Juni 2004 gedauert, bis **Dmitri Kirichenko** zum 1:0 für Russland im Duell gegen Griechenland einnetzte. Die Russen entschieden das Gruppenspiel gegen den späteren Europameister mit 2:1 für sich, kamen jedoch trotzdem nicht ins Viertelfinale weiter.

100 Sekunden benötigte FC-Bayern-Stürmer Robert Lewandowski, um beim EM-Viertelfinale 2016 das 1:0 für Polen gegen Portugal zu erzielen. Das zweitschnellste Tor der EM-Geschichte nutzte den Polen jedoch wenig, sie schieden nach Elfmeterschießen mit 4:6 gegen den späteren Europameister aus.

Ein Blick zurück nach Deutschland. Am 14. Dezember 2019 glückte einem großen Talent ein Rekordtreffer: 5 Sekunden brauchte es nur, bis **Florian Wirtz** die U17-Auswahl des 1. FC Köln gegen den Wuppertaler SV mit 1:0 in Führung geschossen hatte. Die Kölner gewannen das Duell in der B-Jugend-Bundesliga schlussendlich mit 10:0. Im Mai 2020 feierte Wirtz dann bereits sein Debüt in der großen Bundesliga – allerdings im Trikot von Rhein-Rivale Bayer Leverkusen.

DIE REKORDTORSCHÜTZEN IN EUROPAS TOP-5-LIGEN

In den besten Ligen der Welt regelmäßig Tore zu erzielen, zählt zu den größten Herausforderungen für einen Fußballprofi. Die hohe Trefferanzahl von Lionel Messi, Gerd Müller, Silvio Piola, Alan Shearer und Jean-Pierre Papin dürfte jeweils ein Rekord für die Ewigkeit sein – und Messi kann seinen Torrekord in Spanien noch ausbauen.
Die Rekordtorschützen in Europas Top-5-Ligen im Überblick:

- 444 Tore erzielte **Lionel Messi** in 485 Spielen für den FC Barcelona in der spanischen Primera División.
- 365 Tore markierte **Gerd Müller** in 427 Bundesliga-Einsätzen zwischen 1965 und 1979 für den FC Bayern München.
- 267 Treffer schoss **Silvio Piola** in 537 Partien zwischen 1929 und 1954 in der Serie A für seine Klubs FC Vercelli, Lazio Rom, Juventus Turin und Novara Calcio.
- 260 Tore glückten **Alan Shearer** in 441 Einsätzen für die Blackburn Rovers und Newcastle United in der englischen Premier League.

- 156 Treffer gelangen **Jean-Pierre Papin** in 270 Partien für Olympique Marseille und Girondins Bordeaux in der französischen Ligue 1.

TORLOS-REKORDE (I): SPIELER

Sicherlich hat es ein Defensivspieler schwerer als ein Stürmer, um zum Torerfolg zu kommen. Doch irgendwann trifft jeder Profi einmal das Tor, oder? Die folgenden Feldspieler absolvierten zwar viele Partien, hatten beim Toreschießen aber weniger Glück.

- 203 Spiele absolvierte **Dennis Diekmeier** in der Bundesliga für den Hamburger SV und den 1. FC Nürnberg. Der Rechtsverteidiger, der in der Jugend noch im Sturm spielte, erzielte im deutschen Oberhaus nie einen Treffer – der Negativrekord in der Bundesliga.
- 182 Einsätze in der Bundesliga bestritt **Markus Schuler** für Hannover 96 und Arminia Bielefeld. Auch der Linksverteidiger blieb ohne Treffer.
- 180 Partien spielte **Thomas Eichin** für Borussia Mönchengladbach in der Bundesliga. Der Innenverteidiger konnte kein Tor erzielen.
- In der Champions League gibt es genau zwei Feldspieler, die über 100 Spiele bestritten haben, denen dabei aber kein Tor geglückt ist: 114 Spiele absolvierte **Philipp Lahm** für

den FC Bayern und den VfB Stuttgart in der Champions League. Doch der Weltmeister von 2014 netzte weder als Außenverteidiger noch als Mittelfeldspieler jemals in einer Champions-League-Partie ein. 101 Partien weist **Alessandro Nesta** für den AC Mailand und Lazio Rom in der Königsklasse vor – auch der Innenverteidiger traf dabei nie ins Tor.

In der deutschen Nationalmannschaft teilen sich zwei Feldspieler den Torlos-Rekord: **Christian Wörns** und **Willi Schulz.** 66 Partien bestritten beide Verteidiger jeweils für die deutsche Nationalmannschaft. Wörns gehörte von 1992 bis 2005 dem DFB-Team an, Schulz zwischen 1959 und 1970. Ein Treffer in einem Pflichtspiel für Deutschland blieb beiden verwehrt.

Dennis Diekmeiers torlose Karriere fand dagegen 2020 doch noch ein Happy End. In der 2. Liga erzielte er im Mai 2020 für den SV Sandhausen beim Gastspiel in Wehen Wiesbaden den 1:0-Siegtreffer. Zuvor war Diekmeier bei insgesamt 287 Partien als Profi kein Tor gelungen.

TORLOS-REKORDE (II): TEAMS

Es gibt wohl nichts Schlimmeres für eine Mannschaft, als regelmäßig kein Tor zu erzielen. Unter den Torlos-Serien gibt es aber auch wahre Rekordhalter:

- 1034 Minuten blieb der 1. FC Köln in der Bundesliga-Saison 2001/02 ohne Treffer. Das waren über zehn Spiele, bevor Thomas Cichon einen Elfmeter für den »Effzeh« gegen Hertha BSC (1:1) verwandelte. Am Ende der Saison stieg Köln in die 2. Liga ab – und muss bis heute mit diesem Bundesliga-Negativrekord leben.
- 964 Minuten, über neun Spiele, konnte der 1. FC Saarbrücken in der Saison 1992/93 kein Tor in der Bundesliga erzielen – auch die Saarländer traten danach den Gang in die 2. Liga an.
- In der Geschichte der Champions League schlossen zwei Teams die sechs Spiele der Gruppenphase ohne Punkt und ohne eigenen Treffer ab. 540 Minuten ohne Tor in der Königsklasse blieben demnach der israelische Vertreter Maccabi Haifa in der Saison 2009/10 und der kroatische Spitzenklub Dinamo Zagreb in der Saison 2016/17. 540 Minuten und damit die komplette Gruppenphase konnte auch Deportivo La Coruña in der Saison 2004/05 kein Tor in der Königsklasse erzielen. Die Spanier holten aber immerhin zwei Remis in den sechs Partien heraus.
- Unter den jemals an einer Fußballweltmeisterschaft teilnehmenden Ländern gibt es fünf Nationen, denen bislang kein WM-Tor gelungen ist. Dazu zählen Indonesien (nur ein Spiel 1938), der Kongo, China, Kanada sowie Trinidad und Tobago mit jeweils drei WM-Spielen.
- Die schmerzlichste Torlos-Serie bei einer WM dürfte aber jene von Frankreich im Jahr 2002 gewesen sein. 270 Minuten lang blieb der damals amtierende Welt- und Europameister

sowie Top-Favorit auf den Titel ohne Tor und schied damit bereits nach den drei Spielen der Gruppenphase ohne Treffer und mit nur einem Punkt aus dem Turnier aus. Was für eine Schmach für die Franzosen!

Übrigens: Jedes der 28 Teams, das bislang mindestens an einer Europameisterschaft teilgenommen hat, kann jeweils mindestens auf einen Treffer verweisen. So verbuchen Österreich, Norwegen und Lettland, die in der ewigen EM-Tabelle in der Kategorie »erzielte Tore« gemeinsam den letzten Platz einnehmen, jeweils einen Treffer auf ihrem Konto.

DIE GRÖSSTEN AUFHOLJAGDEN

Fußballspiele sind oftmals legendär, wenn eine Mannschaft im Grunde aussichtslos zurückliegt, sich dann aber beeindruckend zurückkämpft und die eigentlich verlorene Partie noch dreht. Natürlich kann dabei auch ein 0:1-Rückstand, der noch in einen 2:1-Sieg verwandelt wird, legendär sein. Man denke nur an das Champions-League-Finale 1999, als Manchester United bis zur 90. Spielminute mit 0:1 gegen Bayern München zurücklag, aber mit zwei Toren in der Nachspielzeit den Pokal noch gewann. In der folgenden Betrachtung geht es aber um jene Partien, in der eine Mannschaft einen besonders deutlichen Vorsprung nicht über die Zeit retten konnte. Konkret geht es um die größten Aufholjagden im Fußball.

In der Bundesliga ragen zwei Spiele heraus, bei denen nach einem zwischenzeitlichen Rückstand von vier(!) Toren dennoch eine Niederlage abgewendet wurde: Am 6. Spieltag der Saison 1976/77 lag der FC Bayern nach 53 Spielminuten mit 0:4 beim VfL Bochum zurück. Die Münchner schafften es aber tatsächlich noch, die Partie in einen Sieg umzumünzen. Doch selbst die Aufholjagd verlief spektakulär: Nach 75 Spielminuten führte der FC Bayern mit 5:4, in der 80. Spielminute glich der VfL Bochum noch zum 5:5 aus. Uli Hoeneß glückte dann in der 89. Spielminute der Siegtreffer zum 6:5 für den FC Bayern.

Die zweite legendäre Aufholjagd liegt noch nicht allzu lange zurück. Am 13. Spieltag der Saison 2017/18 führte Borussia Dortmund im Derby gegen Schalke 04 bereits nach 25 Spielminuten mit 4:0. Das war auch der Halbzeitstand. Allerdings schlugen die Schalker im 2. Durchgang beeindruckend zurück – und in der 4. Minute der Nachspielzeit köpfte der Brasilianer Naldo den Ausgleich zum 4:4-Endstand.

Thematisch ein Sprung in andere europäische Top-Ligen: In der englischen Premier League gab es bislang eine Partie, in der nach einem Vier-Tore-Rückstand noch eine Niederlage abgewendet wurde. Im Februar 2011 führte der FC Arsenal nach 26 Spielminuten mit 4:0 bei Newcastle United. Die Gastgeber steckten jedoch nicht auf und erzielten zwischen der 68. und der 87. Spielminute ihrerseits vier Tore – so endete die Partie 4:4.

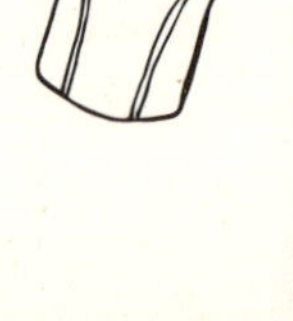

Eine wohl noch spektakulärere Aufholjagd glückte Olympique Marseille im südfranzösischen Derby gegen HSC Montpellier am 22. August 1998 in der Ligue 1. Montpellier führte nach 34 Spielminuten mit 4:0, doch Marseille drehte in der 2. Halbzeit auf. In der 61. Spielminute verkürzte OM auf 1:4, nach 84 Spielminuten stand es bereits 4:4 – und in der 90. Spielminute verwandelte Laurent Blanc einen Elfmeter zum 5:4-Sieg für Marseille.

Auch bei Welt- und Europameisterschaften sind legendäre Aufholjagden festgehalten. Bei insgesamt vier WM-Spielen verhinderte ein Team nach einem Drei-Tore-Rückstand noch eine Pleite.

WM-Gastgeber Schweiz führte 1954 im Viertelfinale gegen Österreich bereits mit 3:0 nach 19 Spielminuten. 15 Minuten später stand es allerdings 5:3 für Österreich. Am Ende ging Österreich mit einem 7:5 als Sieger vom Platz.

In der Gruppenphase der WM 1962 führte die damalige Sowjetunion bereits mit 3:0 und 4:1 gegen Kolumbien. Die Südamerikaner kamen zurück ins Spiel und holten noch ein 4:4 heraus.

Im WM-Viertelfinale 1966 roch es nach einer Sensation. Außenseiter Südkorea führte nach 25 Spielminuten mit 3:0 gegen Top-Favorit Portugal. Die Iberer ließen sich dennoch nicht aus der Ruhe bringen und gewannen die Partie noch mit 5:3.

Auch der Senegal ließ sich einst eine Führung mit drei Toren Unterschied aus der Hand nehmen. In der Gruppenphase der WM 2002 lagen die Afrikaner mit 3:0 gegen Uruguay vorne. Uruguay gelangen aber in der 2. Halbzeit ebenfalls drei Treffer, die Begegnung endete somit 3:3.

Bei Europameisterschaften gab es einschließlich der EM 2016 nur eine Partie, in der ein Drei-Tore-Vorsprung noch verspielt wurde. Beim EM-Gruppenspiel 2000 führte Slowenien gegen Rest-Jugoslawien mit 3:0 nach 57 Spielminuten. Rest-Jugoslawien erzielte aber ebenfalls noch drei Treffer, weshalb die Partie 3:3 ausging.

In Sachen Champions League bietet es sich an, einen Blick auf Aufholjagden mit Hin- und Rückspielen zu legen, denn schließlich entscheidet der Gesamtscore über das Weiterkommen eines Teams in die nächste Runde.

Den Aufholjagd-Rekord hält in der Königsklasse der FC Barcelona. Die Spanier verloren zunächst das Achtelfinal-Hinspiel der Champions League 2016/17 mit 0:4 bei Paris Saint-Germain. Im Rückspiel ging Barcelona dann mit 3:0 in Führung. Doch als Paris in der 62. Spielminute auf 1:3 verkürzte, sah nahezu nichts nach einem glücklichen Ende für Barcelona aus. Aber: Im Schlussspurt gelangen Barca zwischen der 88. Spielminute und der 5. Minute der Nachspielzeit noch drei Treffer! Der 6:1-Erfolg reichte Barca aus, um doch noch ins Viertelfinale aufzurücken.

Das legendäre Spiel erhielt im Nachgang den Begriff »La Remontada« zugewiesen, was übersetzt »Die Aufholjagd« bedeutet.

Barcelona ist jedoch in den vier denkwürdigsten Champions-League-Aufholjagden auch zwei Mal auf der Verliererseite notiert. Im Viertelfinale 2017/18 traten die Katalanen nach einem 4:1-Heimsieg die Reise zum AS Rom an, um in Italien sprichwörtlich den Sack zuzumachen. Es kam jedoch anders: Rom gewann 3:0 und rückte durch die Auswärtstorregel ins Halbfinale vor.

Ein Jahr später musste Barcelona eine wohl noch größere Schmach hinnehmen: Im Halbfinal-Hinspiel der CL-Saison 2018/19 besiegte der FC Barcelona, angeführt von einem überragenden Lionel Messi, den FC Liverpool mit 3:0. Beim Rückspiel in England kamen die Katalanen jedoch erneut unter die Räder: Liverpool siegte mit 4:0 und zog ins Finale ein.

Zu den besten Vier der Aufholjagden in der Königsklasse zählt zudem noch das Viertelfinalduell Deportivo La Coruña gegen den AC Mailand in der Saison 2003/04. La Coruña kassierte zunächst in Italien eine 1:4-Niederlage, doch im Rückspiel hatte La Coruña das bessere Ende für sich und feierte einen 4:0-Erfolg über den AC Mailand.

Der Trophäenschrank bei Olympiakos platzt und Real profitiert enorm von einer Sonderregel im Europacup

ALLES ÜBER »TITELHAMSTER«

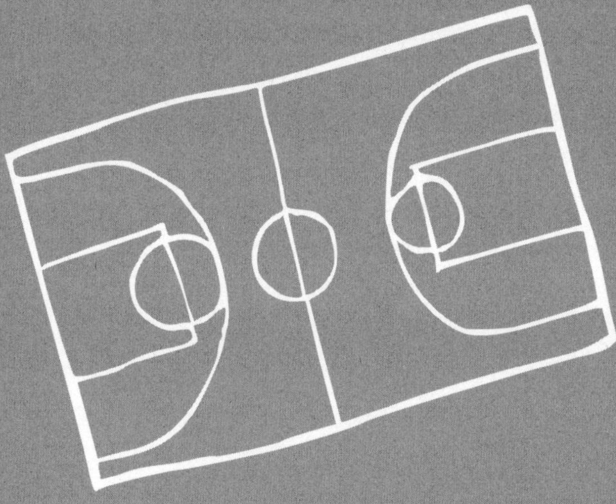

»TITELHAMSTER«

Dass der FC Bayern München mit 30 gewonnenen Titeln deutscher Rekordmeister ist, dürfte bekannt sein. Doch wer sind die »Titelhamster» in anderen Ligen dieser Welt? Im Folgenden eine Auswahl an nationalen Rekordmeistern, bei der einschränkend festzuhalten ist: Nahezu alle nationalen Verbände haben ihre Ligen gelegentlich neu strukturiert und aufgebaut, bei manchen Wettbewerben wurde die Zählung der Meistertitel fortgeführt, bei anderen neue gestartet, weil beispielsweise auch komplett neue Vereine an den Start gingen.

»Titelhamster« im Überblick:

- 4 Titel: Melbourne Victory und Sidney FC, Australien
- 5 Titel: Los Angeles Galaxy, USA/Kanada
- 8 Titel: Guangzhou Evergrande, China
- 9 Titel: Mamelodi Sundowns FC (Pretoria), Südafrika
- 10 Titel: AS Saint-Étienne, Frankreich
- 10 Titel: Palmeiras Sao Paulo, Brasilien
- 20 Titel: Manchester United, England
- 22 Titel: Galatasaray Istanbul, Türkei
- 27 Titel: Grasshopper Club Zürich, Schweiz
- 30 Titel: Bayern München, Deutschland
- 32 Titel: Rapid Wien, Österreich
- 34 Titel: Real Madrid, Spanien
- 34 Titel: Ajax Amsterdam, Niederlande
- 34 Titel: RSC Anderlecht, Belgien

- 36 Titel: River Plate, Argentinien
- 36 Titel: Juventus Turin, Italien
- 37 Titel: Benfica Lissabon, Portugal
- 45 Titel: Olympiakos Piräus, Griechenland

STADTDERBYS IM FINALE

Wenn zwei Klubs aus derselben Stadt ein Finale bestreiten, bekommt so ein Highlight im Regelfall nochmals eine besondere Brisanz. Eine Auswahl an Final-Derbys:

- 1. FC Köln vs. Fortuna Köln (1:0), Finale DFB-Pokal 1984
- Boavista Porto vs. FC Porto (2:1), Pokal-Finale Portugal 1992
- Grazer AK vs. Sturm Graz (3:2), Finale ÖFB-Cup 2002
- Austria Wien vs. Rapid Wien (3:1), Finale ÖFB-Cup 2005
- ZSKA Moskau vs. Spartak Moskau (3:0), Pokal-Finale Russland 2006
- Lokomotive Moskau vs. FK Moskau (1:0 n. V.), Pokal-Finale Russland 2007
- Sporting Lissabon vs. Belenenses Lissabon (1:0), Pokal-Finale Portugal 2007
- Beşiktaş Istanbul vs. Başakşehir (4:3 n. E.), Pokal-Finale Türkei 2011
- Lazio Rom vs. AS Rom (1:0), Finale Coppa Italia 2013
- Real Madrid vs. Atlético Madrid (4:1 n. V.), Endspiel Champions League 2014

- Real Madrid vs. Atlético Madrid (5:3 n. E.), Endspiel Champions League 2016
- Galatasaray vs. Fenerbahçe Istanbul (1:0), Pokal-Finale Türkei 2016
- River Plate vs. Boca Juniors Buenos Aires (2:2 im Hinspiel; 3:1 n. V. im Rückspiel), Finale Copa Libertadores 2018
- FC Chelsea London vs. FC Arsenal (4:1), Finale Europa League 2019
- FC Chelsea London vs. FC Arsenal (1:2), Finale FA-Cup 2020

TRIPLE-SIEGER

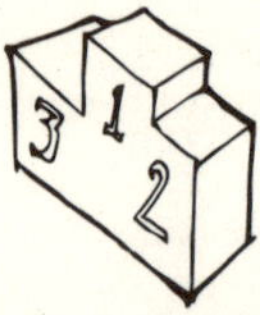

Wenn ein Klub innerhalb einer Saison die nationale Meisterschaft und den Pokal sowie die Champions League beziehungsweise den Pokal der Landesmeister gewinnt, spricht man vom Gewinn des Triples. Nur zwei Teams in der Fußballhistorie ist dieses Kunststück mehr als einmal gelungen: dem FC Barcelona in den Saisons 2008/09 und 2014/15 und dem FC Bayern München in den Saisons 2012/13 und 2019/20.

Weitere fünf Teams feierten einmal den Gewinn des Triples: Celtic Glasgow 1966/67, Ajax Amsterdam 1971/72, PSV Eindhoven 1987/88, Manchester United 1998/99 und Inter Mailand 2009/10.

Kurios: Bei den letzten sechs Triple-Siegen, die alle im Champions-League-Modus erfolgten, spielte der FC Bayern eine nicht unwesentliche Rolle. 2009 und 2015 eliminierte der FC Barcelona den FC Bayern in der K.-o.-Runde. Grundlage waren jeweils hohe Heimsiege der Katalanen gegen die Münchner (4:0 im Jahr 2009; 3:0 im Jahr 2015). 1999 und 2010 unterlag der FC Bayern im Finale der Champions League Manchester United beziehungsweise Inter Mailand – und 2013 sowie 2020 reüssierten die Bayern selbst.

Das kleine Triple, das aus nationaler Meisterschaft und Pokal sowie dem Gewinn der Europa League beziehungsweise den vormaligen Wettbewerben UEFA-Cup und Europapokal der Pokalsieger besteht, holte der FC Porto zweimal (2002/03 und 2010/11). Der schwedische Vertreter IFK Göteborg feierte diesen Erfolg 1981/82. Der türkische Traditionsklub Galatasaray Istanbul triumphierte 1999/00 und der russische Top-Klub ZSKA Moskau gewann die drei Titel in der Saison 2004/05.

Bei den Frauen gab es insgesamt neun Spielzeiten, in denen ein Klub den Gewinn des Triples feiern konnte. Olympique Lyon hält den Rekord mit fünf Triple-Siegen: 2011/12, 2015/16, 2016/17, 2018/19 und 2019/2020. Der 1. FFC Frankfurt räumte die drei Titel jeweils in den Spielzeiten 2001/02 und 2007/08 ab, der FC Arsenal in der Saison 2006/07 und der VfL Wolfsburg in der Saison 2012/13.

WENN NICHT DER MEISTER DEN POKAL DER LANDESMEISTER GEWINNT

Ursprünglich war der erstmals 1955/56 ausgetragene Pokal der Landesmeister ein Wettbewerb, in dem ausschließlich die Meister eines nationalen Wettbewerbs teilnahmen. Damalige Ausnahme bereits: Wer den Landesmeistercup gewann, durfte auch in der folgenden Saison am höchsten europäischen Klubwettbewerb teilnehmen, selbst wenn er in der Spielzeit zuvor nicht den nationalen Meistertitel gewonnen hatte.

Ab 1992/93 führte der Europäische Fußballverband (UEFA) das Turnier um den begehrten Henkelpott im Champions-League-Modus fort. Die Kriterien wurden dabei immer mehr aufgeweicht. Zunächst waren nur die nationalen Meister zugelassen, dann auch die Vize-Meister der großen Fußballligen – und heute dürfen aus den europäischen Top-Ligen die vier bestplatzierten Teams in der darauffolgenden Champions-League-Saison starten.

So wird eben nicht immer der Meister aus einer nationalen Liga im nächsten Jahr auch Champions-League-Sieger. In der Historie wurde insgesamt 20 Mal ein Team Europapokalsieger der Landesmeister oder Champions-League-Sieger, das in der Saison zuvor gar nicht den nationalen Meistertitel geholt hatte.

Die historisch schwächste Platzierung eines Landesmeistercup-Siegers weist der FC Bayern auf. Die Münchner wurden in der Saison 1974/75 in der Bundesliga nur Tabellen-Zehnter. Durch den Gewinn des Landesmeistercups aber durften sie auch 1975/76 im Europacup starten – und sie holten den Henkelpott erneut.

Als nationaler Vierter gewannen in der Saison darauf bislang drei Teams den Cup: 2002/03 gewann der AC Mailand die Champions League. In der Saison zuvor waren die Mailänder nur Vierter in der Serie A geworden. 2004/05 besiegte der FC Liverpool den AC Mailand im Champions-League-Finale, dabei hatte Liverpool in der Spielzeit 2003/04 nur den vierten Platz in der Premier League erreicht. 2018/19 gewann erneut der FC Liverpool den Henkelpott, obwohl er die Saison zuvor wiederum nur als Vierter in der Premier League abgeschlossen hatte.

Übrigens: Rekordsieger Real Madrid gewann 13 Mal den Pokal der Landesmeister. Sechs Mal davon waren die Königlichen in der Saison davor nicht spanischer Meister geworden.

WELTSTARS OHNE CHAMPIONS-LEAGUE-TITEL

Einige der besten Fußballer aller Zeiten weisen in ihrer Titelsammlung einen Makel auf: Sie konnten mit ihren Teams die Champions League nicht gewinnen.

Lothar Matthäus wurde nach der Weltmeisterschaft 1990 zum besten Fußballer der Welt gekürt. Auf Vereins- und Nationalmannschaftsebene gewann der Mittelfeldspieler und spätere Libero im Grunde alle bedeutenden Titel – bis auf einen: den Pokal der Landesmeister beziehungsweise die Champions League. Zweimal war Matthäus nah dran: 1987 und 1999 verlor er mit den Münchnern trotz Führung jeweils das Finale mit 1:2.

Michael Ballack war zu Beginn des Jahrtausends der beste deutsche Fußballer. Mit dem 1. FC Kaiserslautern (1998) und mit Bayern München (2003, 2005, 2006) gewann er insgesamt viermal die deutsche Meisterschaft, 2010 folgte mit dem FC Chelsea die englische Meisterschaft. Doch mit der Zeit wurde der Mittelfeldspieler regelmäßig damit konfrontiert, offenbar keine »großen« Titel gewinnen zu können. Mit der deutschen Nationalmannschaft wurde Ballack Vize-Weltmeister (2002, er fehlte im Finale wegen Gelb-Sperrung) und Vize-Europameister. Zudem verlor der Mittelfeldspieler zwei Mal das Finale der Champions League: 2002 mit Leverkusen gegen Real Madrid und 2008 mit Chelsea im Elfmeterschießen gegen Manchester United.

Zlatan Ibrahimović zählt zu den spektakulärsten Stürmern des neuen Jahrtausends. Mit 39 Jahren ist der Schwede beim AC Mailand noch aktiv. Bis zur Saison 2019/20 hat »Ibrakadabra« insgesamt elf nationale Meistertitel in vier europäischen Ländern gewonnen. Dazu kommt beispielsweise der Triumph mit Manchester United in der Europa League 2017. Die Champions League konnte Ibrahimović (bislang) nicht gewinnen. Besonderes Pech: Er verließ Inter Mailand vor der Saison 2009/10 –

genau in dieser Spielzeit gewannen die Italiener den Pokal in der Königsklasse. Vor der Saison 2010/11 wechselte Ibrahimović dann vom FC Barcelona zu Paris Saint-Germain – Barca gewann wiederum die Champions League.

Gianluigi Buffon wurde mit Italien 2006 Weltmeister, mit dem AC Parma 1999 UEFA-Cup-Sieger, mit Juventus Turin zehn Mal italienischer Meister und mit Paris Saint-Germain einmal französischer Meister. Doch auch der italienischen Torwartlegende fehlt (noch) der Champions-League-Titel. Mit Juve verlor er gleich drei Mal das Endspiel in der Königsklasse: 2003 im Elfmeterschießen gegen den AC Mailand, dazu die Niederlagen 2015 gegen den FC Barcelona und 2017 gegen Real Madrid.

Ronaldo feierte 1994 (ohne Einsatz) und 2002 den Gewinn der Weltmeisterschaft mit Brasilien. Der Stürmer wurde 1996, 1997 und 2002 zum FIFA-Weltfußballer des Jahres gekürt und spielte für so ruhmreiche Klubs wie PSV Eindhoven, FC Barcelona, Inter Mailand, Real Madrid und AC Mailand. Seine Trophäensammlung beinhaltet den Europapokal der Pokalsieger (1997), den UEFA-Cup (1998) und den Weltpokal (2002). Mit Real Madrid wurde er zudem 2003 spanischer Meister. Doch obwohl Ronaldo von 2002 bis 2007 Real Madrid angehörte, blieb ihm der Triumph in der Champions League verwehrt. Kaum zu glauben, aber Fakt: Ronaldo hat nie den Henkelpott gewonnen.

SO GROSS (ODER KLEIN) SIND DIE ERFOLGREICHSTEN TORHÜTER DER WELT

Muss ein Torwart sehr groß sein, um auch ein erfolgreicher Keeper zu werden? Selbst bei Talentscouts und Experten gehen die Meinungen bei diesem Thema auseinander. Die jüngere Fußball-Historie besagt zumindest statistisch: Auf die Größe allein kommt es bei einem Keeper nicht mehr an. Vielmehr dürfte das Gesamtpaket aus physischen Fähigkeiten wie Sprungkraft und Reflexe, strategischen Skills wie Antizipation des Spielgeschehens und Organisation der Vorderleute sowie mentale Stärke zu einer gerechten Beurteilung eines Torwarts führen. Optisch bleibt aber die Größe eines Keepers Thema. Hier ein Überblick über jene (zumeist) Stammtorhüter, die im neuen Jahrtausend besonders wichtige Titel mit ihren Teams gewonnen haben – sortiert aufsteigend nach der Körperlänge des Keepers.

1,80 Meter: Fabien Barthez, Weltmeister 1998 und Europameister 2000 mit Frankreich

1,82 Meter: Iker Casillas, Weltmeister 2010 und Europameister 2008 und 2012 mit Spanien, dazu Champions-League-Sieger mit Real Madrid 2000, 2002 (eingewechselt) und 2014

1,83 Meter: Víctor Valdés, Champions-League-Sieger mit dem FC Barcelona 2006, 2009 und 2011

1,84 Meter: Vítor Baía, Champions-League-Sieger mit dem FC Porto 2004

1,85 Meter: Keylor Navas, Champions-League-Sieger mit Real Madrid 2016, 2017 und 2018

1,86 Meter: Júlio César, Champions-League-Sieger mit Inter Mailand 2010

1,87 Meter: Antonis Nikopolidis, Europameister 2004 mit Griechenland

1,87 Meter: Marc-André ter Stegen, Champions-League-Sieger mit dem FC Barcelona 2015

1,88 Meter: Hugo Lloris, Weltmeister mit Frankreich 2018

1,88 Meter: Oliver Kahn, Champions-League-Sieger mit dem FC Bayern 2001

1,88 Meter: Jerzy Dudek, Champions-League-Sieger mit dem FC Liverpool 2005

1,90 Meter: Rui Patrício, Europameister mit Portugal 2016

1,91 Meter: Alisson, Champions-League-Sieger mit dem FC Liverpool 2019

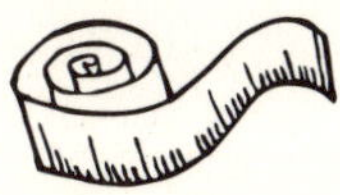

1,92 Meter: Gianluigi Buffon, Weltmeister mit Italien 2006

1,93 Meter: Marcos, Weltmeister mit Brasilien 2002

1,93 Meter: Manuel Neuer, Weltmeister mit Deutschland 2014, Champions-League-Sieger mit dem FC Bayern 2013 und 2020

1,95 Meter: Dida, Champions-League-Sieger mit dem AC Mailand 2003 und 2007

1,96 Meter: Petr Čech, Champions-League-Sieger mit dem FC Chelsea 2012

1,99 Meter: Edwin van der Sar, Champions-League-Sieger mit Manchester United 2008

Geht es um besonders erfolgreiche Torhüter, dann reicht die Bandbreite in Sachen Körperlänge von 1,80 Meter bis 1,99 Meter. Die Größe eines Torhüters sagt also kaum etwas über den möglichen Erfolg eines Keepers aus. Fakt: Von den 19 Torhütern, die in diesem Ranking aufgelistet wurden, sind mehr als die Hälfte (11) sogar unter 1,90 Meter groß.

DAS BUNDESLÄNDER-TITELRANKING

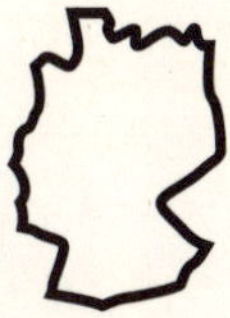

Die deutsche Meisterschaft wird seit 1903, der Kampf um den DFB-Pokal seit 1935 ausgetragen. Seitdem haben sich diverse Mannschaften in den zwei Wettbewerben als Titelträger feiern lassen. Doch welches Ergebnis kommt heraus, wenn man die Titelsammlungen nach Teams und deren Bundesländer kategorisiert?

1. Platz: Bayern (69 Titel)

43 deutsche Meisterschaften und 26 Pokalsiege – das Bundesland Bayern steht mit seinen Fußballklubs in Sachen Titelsammlung an der Spitze.

Rekordklub ist der FC Bayern. Mit 30 Meisterschaften und 20 Pokalsiegen bringen es die Münchner auf 50 nationale Titel.

Zweitligist 1. FC Nürnberg kann neun Meisterschaften vorweisen, was bis 1986 deutscher Rekord war. Hinzu kommen vier Pokaltriumphe.

Der TSV 1860 München trägt drei Titel (zwei Pokalsiege und eine Meisterschaft) zur bayerischen Bilanz bei.

Die Spielvereinigung Greuther Fürth holte drei deutsche Meisterschaften.

2. Platz: Nordrhein-Westfalen (47 Titel)

47 Titel gehen an Klubs aus Nordrhein-Westfalen. Borussia Dortmund und Schalke 04 teilen sich innerhalb des Bundeslandes den ersten Platz. Obwohl die Gelsenkirchener seit 1963/64 (Einführung der Bundesliga) keine Meisterschaft gewinnen konnten, sammelten sie insgesamt schon deren sieben, plus insgesamt fünf Pokalsiege.

Auch der BVB kommt auf zwölf nationale Titel (acht Meisterschaften, vier Pokalsiege).

Gefolgt werden die beiden Klubs von Borussia Mönchengladbach (fünf Meisterschaften, drei Pokalsiege) und dem 1. FC Köln (drei Meisterschaften, vier Pokalsiege).

Fortuna Düsseldorf kann zwei Pokalsiege und eine Meisterschaft vorweisen.

Weitere Titelträger stammen aus Essen – Rot-Weiß gewann einmal die Meisterschaft und einmal den DFB-Pokal, Schwarz-Weiß holte einmal den Cup – sowie Leverkusen und Uerdingen mit je einem Triumph im DFB-Pokal.

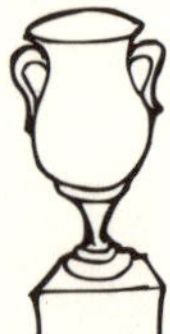

3. Platz: Baden-Württemberg (14 Titel)

Auf Rang drei im Länder-Vergleich folgt Baden-Württemberg. Mit vierzehn Titeln insgesamt (neun Meistertitel, fünf Pokalsiege) holt sich das Bundesland im nationalen Vergleich die Bronzemedaille.

Der VfB Stuttgart ist dabei Rekordtitelträger in Baden-Württemberg mit fünf deutschen Meisterschaften und drei Pokalsiegen.

Der Karlsruher SC folgt mit drei Titeln (zwei Pokaltriumphe, einmal deutscher Meister).

Der Karlsruher FV, der VfR Mannheim und der Freiburger FC besitzen jeweils einen Meistertitel.

4. Platz: Bremen (10 Titel)

Mit Bremen folgt das kleinste Bundesland auf Rang vier im nationalen Vergleich. Werder Bremen bringt es mit sechs Pokalsiegen (zuletzt 2009) und vier Meisterschaften (zuletzt 2004) auf insgesamt zehn Titel.

5. Platz: Hamburg (9 Titel)

Der nächste »Stadtstaat« aus dem Norden folgt auf dem fünften Rang knapp hinter Bremen. In Hamburg konnten bislang sechs

Meistertitel und drei Pokalsiege gefeiert werden. Und auch hier gehen alle Titel auf das Konto eines Vereins: des Hamburger SV.

6. Platz: Sachsen (8 Titel)

Vereine aus dem Osten Deutschlands haben zwischen 1949 und 1991 im Ligabetrieb der ehemaligen DDR gespielt, diese Titel werden hier nicht eingerechnet. Insgesamt kommt das Bundesland Sachsen dennoch auf beachtliche acht Titel (drei Pokalsiege und fünf Meisterschaften).

Der VfB Leipzig und der Dresdner SC teilen sich dabei die acht Titel auf. Der VfB wurde dreimal Meister und einmal Pokalsieger, der Dresdner SC errang zwei Meisterschaften und zwei Pokalsiege.

7. Platz: Hessen (7 Titel)

Auf Rang sieben folgt das Bundesland Hessen mit sieben Titeln. Zuletzt gewann Eintracht Frankfurt 2018 den DFB-Pokal. Vier frühere Pokalsiege und eine deutsche Meisterschaft (1959) gehen ebenfalls auf das Konto der Frankfurter.

Kickers Offenbach konnte mit dem Pokalsieg 1970 einen weiteren Titel für Hessen beisteuern.

8. Platz: Rheinland-Pfalz und Niedersachsen (je 6 Titel)

Die Erfolge in Rheinland-Pfalz gehen allein auf das Konto des heutigen Drittligisten 1. FC Kaiserslautern. Die »Roten Teufel« feierten vier deutsche Meisterschaften und zwei DFB-Pokalsiege.

Ebenfalls sechs Titel vereinigt das Bundesland Niedersachsen. So entfallen zwei Meistertitel und ein Pokalsieg auf Hannover 96.

Der VfL Wolfsburg folgt mit jeweils einer deutschen Meisterschaft und einem Pokaltriumph.

Der heutige Drittligist Eintracht Braunschweig holte zudem 1967 die deutsche Meisterschaft.

10. Platz: Berlin (5 Titel)

Der lange zweigeteilte »Stadtstaat« Berlin kann fünf nationale Titel vorweisen. Fünf deutsche Meisterschaften teilen sich auf Hertha BSC (zwei), Viktoria Berlin (zwei) und Union 92 Berlin auf – der Klub wurde 1927 bereits aufgelöst und ist nicht der Vorgängerverein des heutigen Profi-Klubs Union Berlin.

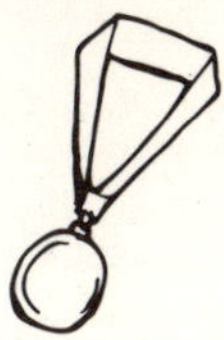

11. Platz: Schleswig-Holstein (1 Titel)

Platz elf geht mit einem Titel an Schleswig-Holstein. Der FV Holstein Kiel besiegte im Jahr 1912 im Finale um die deutsche Meisterschaft den Karlsruher FV.

Übrigens: Drei Titel (zwei Pokalsiege, eine Meisterschaft) gehen in das heutige Österreich. Rapid Wien konnte je eine Meisterschaft und einen Pokalsieg feiern, Vienna Wien einen Pokalsieg.

Die Bundesländer Sachsen-Anhalt, Brandenburg, Thüringen, Saarland und Mecklenburg-Vorpommern sind bislang ohne Titel in den höchsten deutschen Wettbewerben.

Auch eine Fernbedienung kann gefährlich werden

GESCHICHTEN VOM BOULEVARD UND AUS DEM DSCHUNGEL

KURIOSE VERLETZUNGEN

Meistens verletzen sich Fußballprofis in Aktion beim Training oder beim Spiel, doch manchmal liegen die Gefahrenherde auch außerhalb des gewohnten beruflichen Umfelds.

Mittelfeldspieler Axel Witsel beispielsweise stürzte Anfang Dezember 2019 zu Hause die Treppe herunter. Der damals 30-Jährige verletzte sich schwer am Gesicht, eine Operation wurde nötig. Der Belgier fiel Borussia Dortmund deshalb vier Pflichtspiele aus und war erst wieder 2020 für die Schwarz-Gelben im Einsatz. Die *Bild-Zeitung* rekonstruierte den Unfall. Demnach war Witsel von einem Abendessen mit Teamkollegen nach Hause gekommen. Der junge Familienvater lehnte sich an ein Treppenschutz-Gitter in dem Glauben, es sei verschlossen. Doch das war nicht der Fall. Durch diesen Irrtum fiel Witsel kopfüber die Treppe hinunter. Witsel ist aber bei Weitem nicht der einzige Fußballprofi, der sich schon mal auf kuriose Art und Weise eine Verletzung zugezogen hat.

Verteidiger Darren Barnard spielte 1999 für den englischen Klub FC Barnsley, als ihm folgendes Missgeschick passierte: Der Waliser rutschte in der Küche aus – in der Urin-Pfütze seines Welpen. Er verletzte sich am Knie schwer und musste fünf(!) Monate pausieren.

»Nur« drei Monate Zwangspause waren es für Peter Nielsen. Der Mittelfeldspieler, 1994 in Diensten von Borussia Mönchengladbach, griff in seinem Wohnzimmer nach der Fernbedienung und kugelte sich dabei die Schulter aus.

Doppelt bitter traf es im Jahr 2001 Charles Akonnor. Der Offensivakteur des VfL Wolfsburg versuchte seine automatische Auto-Antenne zu bedienen, was kläglich scheiterte. Die Antenne bohrte sich in seine Nase. Das Blut lief unaufhörlich aus der Nase, weshalb Akonnor ein blutstillendes Mittel zu Hilfe nahm. Sein Pech: Das Medikament stand auf der Dopingliste, der DFB sperrte den Ghanaer für drei Spiele.

Eine Pechsträhne besaß auch Niklas Stark im Jahr 2019. Der Verteidiger sollte im Testspiel gegen Argentinien sein Debüt für die deutsche Nationalmannschaft geben. Stark musste aber aufgrund eines Magen-Darm-Infekts passen. Ein paar Tage später wartete schon die nächste Chance für Stark auf einen Einsatz im DFB-Team. Doch vor dem EM-Qualifikationsspiel in Estland lief Stark nachts im dunklen Hotelzimmer gegen einen Glastisch und zog sich einen tiefen Riss am linken Knie zu. Somit platzte für den Profi von Hertha BSC erneut der Traum, für Deutschland aufzulaufen.

»KANNIBALE« SUÁREZ

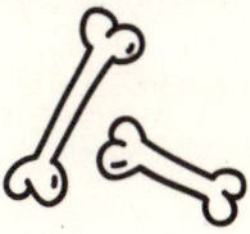

Luis Suárez steht aktuell in Diensten von Atlético Madrid und spielte bereits für europäische Top-Klubs wie Ajax Amsterdam, den FC Liverpool und den FC Barcelona. Vor allem mit Mitte 20 polarisierte der Top-Stürmer aus Uruguay die Fußballfans. Suárez musste von seinen Gegenspielern viel einstecken, setzte sich aber auch vehement zur Wehr – manchmal allerdings zu sehr. Gleich drei Mal biss Suárez einen Konkurrenten, was ihm unrühmliche Spitznamen wie »Kannibale« und »Dracula« einbrachte. Kurios: Bei allen drei Vergehen wurde der Angreifer aus Uruguayer nicht vom Platz gestellt. Die Vorfälle in der Zusammenfassung:

Im November 2010 kam es bei der Partie Ajax Amsterdam gegen den PSV Eindhoven zu einer Rudelbildung. Nach einem Wortgefecht mit Otman Bakkal biss Suárez seinem Gegenüber in die linke Schulter. Der Schiedsrichter übersah das Vergehen, erst der niederländische Fußballverband KNVB sperrte den Ajax-Stürmer nachträglich für sieben Spiele.

Im April 2013 duellierten sich der FC Liverpool und der FC Chelsea. Suárez führte während der Partie einen harten Zweikampf mit Chelsea-Verteidiger Branislav Ivanović, dabei biss er dem Serben in die Schulter. Suárez flog nicht mit Rot vom Platz und erzielte sogar den späten 2:2-Ausgleich für Liverpool. Allerdings sperrte ihn der englische Verband nachträglich für zehn Spiele.

Im Sommer 2014 schnappte Suárez dann auch bei der Weltmeisterschaft in Brasilien zu. Mit Uruguay trat er in der Vorrunde gegen Italien an. Suárez befand sich in der 79. Spielminute im Strafraum der Italiener und kam gemeinsam mit Giorgio Chiellini zu Fall. Wie die TV-Bilder auflösten, hatte Suárez Chiellini in die Schulter gebissen. Auch dieses Mal wurde er nicht vom Platz gestellt. Der Weltverband FIFA brummte Suárez jedoch nachträglich eine Sperre von neun Spielen auf, weshalb die WM für den Uruguayer frühzeitig beendet war.

VON DSCHUNGELKÖNIGEN UND CONTAINERHELDEN

Die Teilnehmer von sogenannten TV-Trash-Formaten wie *Dschungelcamp (Ich bin ein Star – Holt mich hier raus)* oder *Promi Big Brother* werden oftmals verspottet, dennoch erweisen sich die Shows mit relativ hohen Einschaltquoten als Erfolg für die Sender. Auch einige ehemalige Fußballstars haben bereits an diesen Shows teilgenommen.

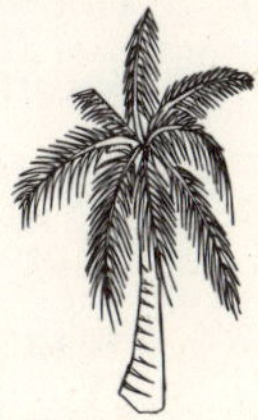

Am liebsten traf man sich im *Dschungelcamp* von RTL. Die Platzierungen im Überblick:

Jimmy Hartwig, ehemaliger deutscher Nationalspieler und Landesmeistercup-Gewinner von 1983 mit dem Hamburger SV, nahm im Jahr 2004 an der 2. Staffel des *Dschungelcamps* in Australien teil. Hartwig verpasste nur knapp das Siegerpodest und belegte Platz vier unter zehn Teilnehmern.

Eike Immel, Ex-Nationaltorwart und deutscher Meister mit dem VfB Stuttgart 1992, ging bei der 3. Staffel im Jahr 2008 ins Rennen. Für ihn sprang am Ende Platz fünf heraus.

Aílton, Double-Sieger mit Werder Bremen 2004 und Bundesliga-Torschützenkönig, landete in der 6. Staffel im Jahr 2012 auf Platz sechs.

Thorsten Legat, mit Werder Bremen, dem VfB Stuttgart und Schalke 04 jeweils DFB-Pokalsieger, nahm im Jahr 2016 bei der 10. Staffel des *Dschungelcamps* Anlauf auf Rang eins. Legat verfehlte den Thron, immerhin glückte ihm aber mit Platz drei der Sprung aufs Podest.

Thomas Häßler, Weltmeister von 1990, zählte ein Jahr später in Staffel 11 zu den Teilnehmern des *Dschungelcamps*. Für den früheren Freistoßspezialisten reichte es zu Platz vier.

Schlechter lief es für **Ansgar Brinkmann,** einst als Profi bei Eintracht Frankfurt und Arminia Bielefeld aktiv, der die 12. Staffel im Jahr 2018 freiwillig verließ.

Keiner der sechs angetretenen Ex-Profis hat demnach die »Dschungelkrone« erobert.

Erfolgreicher haben dagegen jene Ex-Profis performt, die beim Format *Promi Big Brother* (Sat.1) ihr Glück suchten.

In Staffel 3 im Jahr 2015 nämlich siegte **David Odonkor,** der den Fußballfans besonders als schneller Angreifer der deutschen Nationalmannschaft bei der Heim-WM 2006 in Erinnerung geblieben ist.

Ein Jahr später ging **Mario Basler,** Europameister von 1996, in den Container. Er wurde schlussendlich Dritter.

Umut Kekilli, einst Jugendspieler von Bayer Leverkusen und dem 1. FC Köln, dann Profi in der Türkei, nahm bei der 6. Staffel von *Promi Big Brother* im Jahr 2018 teil. Er schloss die Staffel auf Platz acht ab.

Bei der 8. Staffel im Jahr 2020 war zwar kein Ex-Profi mit von der Partie, allerdings ging der bekannte Sportkommentator und frühere Stadionsprecher von Schalke 04, **Werner Hansch,** als Sieger hervor.

DIE LIEBLINGSVEREINE DER FUSSBALLREPORTER

Wer über Fußball berichtet und journalistisch tätig ist, gilt allgemein als sachlich, kritisch und neutral. Doch natürlich war auch jeder Reporter in seiner Kinder- und Jugendzeit Fußballfan und besaß einen Lieblingsverein. Anbei eine Auswahl an Journalisten mit ihrem (einstigen) Lieblingsklub:

Sportschau-Moderatorin **Jessy Wellmer** war in ihrer Jugend Fan von Hansa Rostock, sympathisiert aber auch mit Union Berlin.

Ihr *Sportschau*-Kollege **Matthias Opdenhövel** ist Fan von Borussia Mönchengladbach und war zeitweise Stadionsprecher bei seinem Lieblingsklub.

Wie Opdenhövel hält auch *Kicker*-Chefredakteur **Jörg Jakob** zu Borussia Mönchengladbach.

Jörg Wontorra, der lange Zeit den Fußballstammtisch-Talk *Doppelpass* bei SPORT1 moderierte, ist Fan von Werder Bremen und saß beim Traditionsklub von 1999 bis 2003 im Aufsichtsrat.

Moderator **Reinhold Beckmann** verriet einst über sich, dass er erst Fan des Hamburger SV war, später aber dem Nordrivalen Werder Bremen die Daumen gedrückt hat.

Martin Volkmar, Chefredakteur der Sportnachrichtenportals Spox.com, ist Fan des MSV Duisburg.

Jessica Libbertz, Moderatorin bei Sky, ist in der Nähe vom Betzenberg aufgewachsen und Fan des 1. FC Kaiserslautern.

Der bekannte Kolumnist der *Bild-Zeitung* und ehemalige *Sport-Bild*-Chef **Alfred Draxler** ist Anhänger von Schalke 04.

Nico Heymer, Moderator beim Fußball-Netzwerk »Onefootball«, unterstützt Eintracht Frankfurt.

ZDF-Moderator **Jochen Breyer** ist in Heidelberg geboren und seit seiner Kindheit Fan des Karlsruher SC.

Daniela Fuß, langjährige Moderatorin bei SPORT1, ist Supporterin des VfL Bochum.

Philipp Köster, Gründer des Magazins *11Freunde*, ist in Bayern geboren, aber in Bielefeld aufgewachsen. Er ist bekennender Fan von Arminia Bielefeld.

Sky-Moderator **Sebastian Hellmann** ist gebürtiger Bielefelder und ebenfalls Fan der Arminia.

Hellmanns Kollege, Sky-Kommentator **Wolff-Christoph Fuss,** bezeichnet sich als Sympathisant des 1. FC Köln.

Auch bei **Tom Bartels,** Kommentator des WM-Finals 2014 in der ARD, steht der 1. FC Köln hoch im Kurs.

Moderator **Johannes B. Kerner** wiederum war zunächst Fan des 1. FC Köln. Als Jugendlicher zog er dann mit seiner Familie nach Berlin und feuerte fortan die Hertha an.

Ebenfalls Hertha-Fan ist der gebürtige Berliner und ARD-Kommentator **Steffen Simon.**

Sky-Moderatorin **Esther Sedlaczek** unterstützt wie Kerner und Simon Hertha BSC.

Fan des VfL Wolfsburg ist **Alexander Schlüter,** Moderator beim Streamingportal DAZN.

Kann es sein, dass es keine bekannten Fußball-Journalisten gibt, die Fans der deutschen Top-Klubs Bayern München oder Borussia Dortmund sind? Natürlich gibt es sie – und bei manchen Reportern ist es offensichtlich oder zumindest intern bekannt. Doch selten will sich jemand offen zu einem der Dauer-Titelrivalen bekennen, denn die Gefahr gilt als besonders groß, dass in der breiten Öffentlichkeit die Neutralität des jeweiligen Journalisten dann angezweifelt wird.

MAN GÖNNT SICH JA SONST NICHTS: EUROPÄISCHE HAUPTSTÄDTE MIT GLEICH MEHREREN KLUBS

Zahlreiche Metropolen in Europa bieten den Fans eine mehr oder weniger große Auswahl an erfolgreichen Profi-Klubs. Englands Hauptstadt London ragt mit sechs Vereinen in der stark umkämpften Premier League (Saison 2020/21) heraus. Ein kurzer Rundgang durch Europas Hauptstädte:

London (6)

Mit Arsenal, FC Chelsea, Tottenham Hotspur, West Ham United, Crystal Palace und FC Fulham sind sechs Klubs aus London in die Premier-League-Saison 2020/21 gestartet.

Istanbul (6)

Sechs Vereine aus Istanbul spielen in der türkischen SüperLig: Galatasaray, Beşiktaş, Fenerbahçe, Başakşehir, Fatih Karagümrük und Kasimpaşa Spor.

Moskau (5)

In der ersten russischen Liga stammen 5 von 16 Klubs aus Moskau. Die Traditionsvereine lauten Spartak, ZSKA, Lokomotive Moskau und Dynamo Moskau. Hinzu kommt der FK Chimki, der zum Großraum Moskau zählt.

Sofia (4)

14 Teams gehören der ersten bulgarischen Liga an, 4 davon kommen aus der Hauptstadt Sofia: ZSKA, FK ZSKA 1948, Lewski und Slavia Sofia.

Lissabon (3)

Die portugiesische Liga besteht aus 18 Mannschaften, 3 davon stammen aus Lissabon: Benfica, Sporting und Belenenses.

Madrid (3)

In der Primera División bietet Madrid mit Real und Atlético sowie dem Vorort-Klub FC Getafe drei Erstligisten auf.

Prag (3)

Tschechiens Hauptstadt Prag stellt 3 von 18 Klubs in der höchsten nationalen Liga: Sparta, Slavia und Bohemians Prag.

Wien (3)

Zwölf Teams spielen in der österreichischen Bundesliga den Meister aus, drei davon stammen aus Wien und Umgebung: Neben Austria und Rapid Wien kommt Admira Wacker Mödling hinzu. Mödling zählt zwar zum Bundesland Niederösterreich, liegt aber nur rund 20 Kilometer von Wien entfernt.

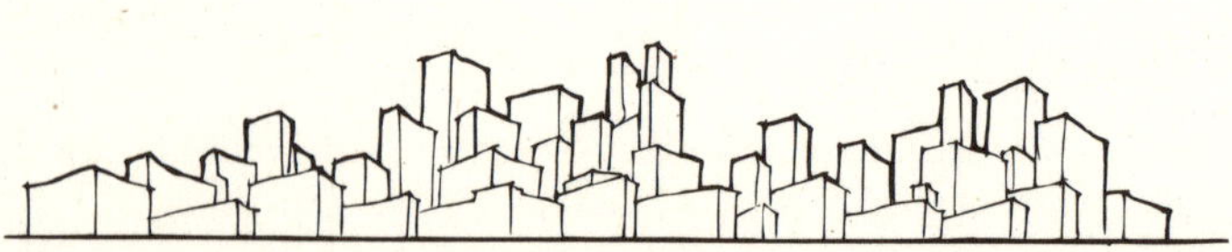

DIE BERUFE DEUTSCHER WM-TORJÄGER

Von Fritz Walter über Gerd Müller bis Jürgen Klinsmann und Miroslav Klose: Fußball-Deutschland kann in seiner Historie auf zahlreiche legendäre Stürmer zurückblicken, die mit der Nationalmannschaft den Weltmeistertitel holten. Die meisten WM-Torjäger erlernten früher noch einen gewöhnlichen Beruf, den sie teilweise noch ausübten, schließlich konnte man bis in die 1990er-Jahre hinein mit Fußball allein sein Geld nicht zwingend verdienen, wenn man nicht schon zu den etablierten Profis zählte.

Deutsche Weltmeister-Stürmer und ihre Berufswahl, ein kurzer Überblick:

Fritz Walter war der Kapitän der deutschen Weltmeistermannschaft von 1954 und spielte für den 1. FC Kaiserslautern. Walters Vater war der Wirt der Vereinsgaststätte des FCK, Fritz Walter machte eine Ausbildung zum Bankkaufmann.

Gerd Müller schoss mit seinem Siegtreffer zum 2 : 1 Deutschland zum WM-Titel 1974. Der frühere Stürmer des FC Bayern gilt als einer der besten Fußballer aller Zeiten. Noch zu Beginn seiner Zeit bei den Münchnern, die 1964 in der Zweiten Liga (Regionalliga) spielten, ging er einem Teilzeitjob als Möbelpacker nach. Zuvor hatte Müller eine Ausbildung zum Löter abgeschlossen, davor hatte er eine Lehre als Weber gestartet.

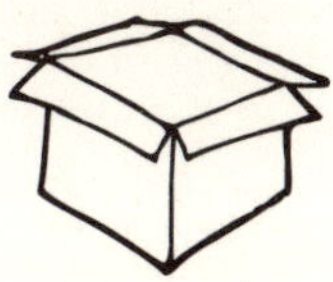

Mit **Jürgen Klinsmann** wurde Deutschland 1990 Weltmeister. Der gebürtige Göppinger spielte in seiner Anfangszeit für die Stuttgarter Kickers, wechselte dann zum VfB Stuttgart. Beruflich hatte er vor seiner Profi-Karriere, geprägt von der familieneigenen Bäckerei, eine Ausbildung zum Bäckergesellen durchlaufen.

Bodenständig klingt der Lebenslauf von **Miroslav Klose.** Er spielte zwei WM-Finals, wurde 2014 mit dem DFB-Team Weltmeister und mit 16 Treffern ist er WM-Rekordtorschütze. Dabei spielte er noch mit 20 Jahren in der Bezirksliga, bevor seine Profi-Karriere beim damaligen Drittligisten FC Homburg und dann beim Bundesligisten 1. FC Kaiserslautern begann. Als Amateurfußballer hatte Klose, der schon in jungen Jahren als Schreiner jobbte, noch eine Lehre als Zimmermann abgeschlossen.

Ob Bankkaufmann, Löter, Bäcker oder Zimmermann – die deutschen Weltmeister-Stürmer wissen aus eigener Erfahrung, was harte Arbeit auch außerhalb des Fußballplatzes bedeutet.

DIE AUSRÜSTERVERTRÄGE DER EUROPÄISCHEN TOP-KLUBS

Man kennt es schon aus dem Jugendfußball: Der eine Spieler schwört auf Schuhe von Adidas, der andere trägt lieber Nike. Auch unter den europäischen Top-Klubs gibt es unterschiedliche Kooperationen mit den Sportartikelherstellern, wobei man dabei nicht vergessen darf, dass sich eine Zusammenarbeit stets finanziell lohnen soll.

Ein Überblick über die Ausrüsterverträge der europäischen Top-Klubs:

Champions-League-Sieger **FC Bayern** kooperiert mit Adidas. Das Unternehmen hält auch Anteile an der Aktiengesellschaft des Klubs. 2015 schlossen die Münchner einen neuen Mega-Deal ab. Unbestätigten Medienberichten zufolge soll damals mit Adidas ein Vertrag über 15 Jahre abgeschlossen worden sein, der den Münchnern 60 Millionen Euro pro Jahr zusichert.

Rivale **Borussia Dortmund** setzt dagegen auf Puma. Angeblich nehmen die Schwarz-Gelben dadurch 30 Millionen Euro pro Jahr ein.

Italiens Serienmeister **Juventus Turin** soll von Adidas im Jahr 51 Millionen Euro erhalten.

Arsenal London schloss im Jahr 2018 ebenfalls einen Top-Deal mit Adidas ab. Medienberichten zufolge sollen die Londoner nun mindestens 57 Millionen Euro pro Jahr für die Zusammenarbeit erhalten.

Stadtrivale **FC Chelsea** spielt dagegen in Schuhen von Nike. Pro Jahr soll es 68 Millionen Euro dafür geben.

Manchester City wechselte 2019 von Nike zu Puma. Seither soll ManCity rund 75 Millionen Euro pro Jahr erhalten.

Der **FC Liverpool** wiederum entschied sich unlängst für Nike. Englische Medien berichteten davon, dass der Basisbetrag zwar relativ gering sei – die Rede ist von 35 Millionen Euro –, aber bei entsprechendem sportlichem Erfolg könne der Betrag pro Jahr auf bis zu 82 Millionen Euro anwachsen.

Als Spitzenwert in der Premier League gilt jedoch die Kooperation von **Manchester United** mit Adidas. ManUnited soll 96 Millionen Euro pro Jahr vom Sportartikelhersteller aus dem fränkischen Herzogenaurach überwiesen bekommen.

Dennoch: Nicht der FC Liverpool, sondern der **FC Barcelona** gilt im Fußballbereich als weltweiter Spitzenreiter in Sachen Ausrüsterverträge. Angeblich zahlt Nike den Katalanen 155 Millionen Euro pro Jahr für die Zusammenarbeit.

Der spanische Erzrivale **Real Madrid** soll dagegen »nur« 120 Millionen Euro von Adidas überwiesen bekommen.

Die meisten der genannten Zahlen wurden nicht offiziell bestätigt, auch sind die Verträge meist mit zahlreichen Zusatz-Boni bei sportlichem Erfolg ausgestaltet. Dennoch unterstreichen diese Zahlen die Vermutung, dass internationale Top-Klubs hohe Einnahmen durch Ausrüsterverträge mit Sportartikelherstellern erzielen.

Als Stuttgart und Hannover noch die Zuschauermagneten der Bundesliga waren und der 1. FC Köln auf Platz eins lag

UNNÜTZE FUSSBALL-RANKINGS

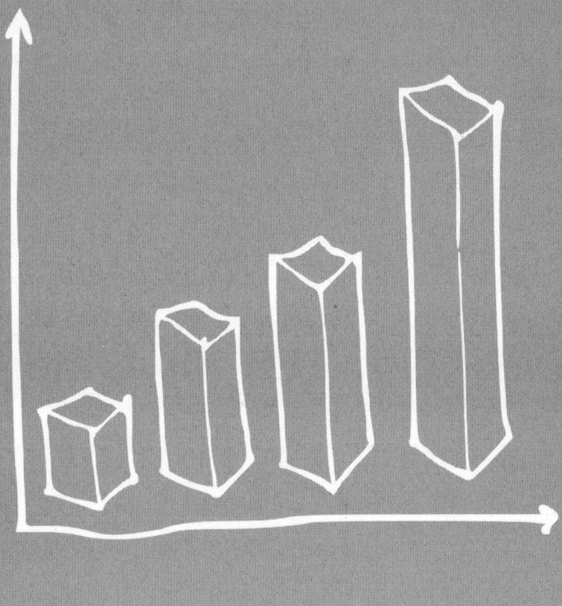

DIE PUNKTBESTEN BUNDESLIGATEAMS (I): 1960ER-JAHRE

Umgerechnet nach der Drei-Punkte-Regel hat in den 1960er-Jahren der 1. FC Köln die meisten Zähler in der Bundesliga gesammelt. Die Top 5 der Bundesliga-Saisons 1963/64 bis 1968/69 laut www.transfermarkt.de im Überblick:

328 Punkte: 1. FC Köln
312 Punkte: TSV 1860 München
309 Punkte: SV Werder Bremen
303 Punkte: Eintracht Frankfurt
302 Punkte: Borussia Dortmund

DAS BUNDESLIGA-ZUSCHAUERRANKING DER 1960ER-JAHRE

Borussia Dortmund, Bayern München und Schalke 04: Meist führen diese drei Klubs das Zuschauerranking an. Zu Beginn der Bundesliga in den 1960er-Jahren standen in dieser Kategorie noch andere Klubs an der Spitze.

Der VfB Stuttgart durfte sich in der ersten Bundesliga-Saison 1963/64 über die meisten Stadionbesucher freuen. In den damals 15 Heimspielen kamen laut Online-Datenbank des *kicker* insgesamt rund 600 000 Zuschauer, ein Schnitt von 40 459 Fans pro Partie. Die

Plätze zwei und drei gingen an Hertha BSC und den 1. FC Köln. Die Kölner holten sich sportlich die erste Bundesliga-Meisterschaft.

In der Saison 1964/65 lautete die Reihung in Sachen Zuschauerzuspruch Hannover 96 (rund 41 000 Besucher pro Partie) vor Hertha BSC und dem Hamburger SV.

Ein Vorteil gegenüber der Konkurrenz: Damals hatten die Teams aus Hannover (Niedersachsenstadion), Stuttgart (Neckarstadion) oder auch Berlin (Olympiastadion) weitaus größere Stadien zur Verfügung als Dortmund, das im Stadion »Rote Erde« spielte, oder Schalke (»Glückauf-Kampfbahn«).

Der FC Bayern wiederum war in den ersten beiden Bundesligasaisons gar nicht in der Liga vertreten und trug danach gemeinsam mit Lokalrivale 1860 München die Partien im Grünwalder Stadion aus. Der FC Bayern, Dortmund und Schalke mussten sich mit Stadien mit einem Fassungsvermögen von unter 30 000 Zuschauern abfinden.

So lag zur Spielzeit 1965/66 Hannover 96 erneut im Zuschauerranking auf Platz eins, der damalige deutsche Meister 1860 München konnte zumindest Platz zwei erringen, gefolgt von Eintracht Frankfurt auf Rang drei.

1966/67 bildeten der VfB Stuttgart (rund 30 000 Zuschauer pro Partie), Fortuna Düsseldorf und Eintracht Frankfurt die Spitze.

1967/68 holte sich der 1. FC Nürnberg die deutsche Meisterschaft – und auch Platz eins im Zuschauerranking (rund 37 000 Zuschauer pro Spiel). Stuttgart und Hannover folgten wiederum auf den Plätzen zwei und drei.

1968/69 errang dann Hertha BSC Platz eins (fast 43 000 Zuschauer pro Partie). Der 1. FC Nürnberg wurde Zweiter – und erstmals landete der FC Bayern unter den besten drei Mannschaften, nachdem er sich im Bundesligamodus auch erstmals die deutsche Meisterschaft gesichert hatte.

Ab 1972 spielte der FC Bayern im Münchner Olympiastadion, der FC Schalke konkurrierte mit dem Parkstadion – mit den größeren Fassungsvermögen ihrer Stadien konnten diese beiden Top-Klubs fortan das Zuschauerranking oftmals anführen. Der BVB legte später mit dem Westfalenstadion nach.

DIE PUNKTBESTEN BUNDESLIGATEAMS (II): 1970ER-JAHRE

Umgerechnet nach der Drei-Punkte-Regel hat in den 1970er Jahren Borussia Mönchengladbach die Nase vorn und die meisten Zähler in der Bundesliga gesammelt. Zusammengerechnet die Top 5 der Bundesliga-Saisons 1969/70 bis 1978/79 laut www.transfermarkt.de im Überblick:

635 Punkte: Borussia Mönchengladbach

615 Punkte: FC Bayern München

568 Punkte: 1. FC Köln

521 Punkte: Eintracht Frankfurt

514 Punkte: Hamburger SV

DAS BUNDESLIGA-RANKING NACH EINWOHNERZAHLEN

Zur Saison 2020/21 sind wieder 18 Bundesligaklubs auf Punktejagd gegangen. So steht es um die Kräfteverhältnisse, wenn es nach der Einwohnerzahl der in der Bundesliga vertretenen Städte geht.

17. Platz: Sinsheim, 35 442 Einwohner, TSG 1899 Hoffenheim

16. Platz: Wolfsburg, 124 371 Einwohner, VfL Wolfsburg

15. Platz: Leverkusen, 163 729 Einwohner, Bayer 04 Leverkusen

14. Platz: Mainz, 218 579 Einwohner, FSV Mainz 05

13. Platz: Freiburg, 231 195 Einwohner, SC Freiburg

12. Platz: Gelsenkirchen, 259 645 Einwohner, Schalke 04

11. Platz: Mönchengladbach, 261 034 Einwohner, Borussia Mönchengladbach

10. Platz: Augsburg, 296 582 Einwohner, FC Augsburg

9. Platz: Bielefeld, 334 195 Einwohner, Arminia Bielefeld

8. Platz:	Bremen, 567 559 Einwohner, Werder Bremen
7. Platz:	Dortmund, 588 250 Einwohner, Borussia Dortmund
6. Platz:	Leipzig, 593 145 Einwohner, RB Leipzig
5. Platz:	Stuttgart, 635 911 Einwohner, VfB Stuttgart
4. Platz:	Frankfurt am Main, 763 380 Einwohner, Eintracht Frankfurt
3. Platz:	Köln, 1 087 863 Einwohner, 1. FC Köln
2. Platz:	München, 1 484 226 Einwohner, FC Bayern
1. Platz:	Berlin, 3 669 491 Einwohner, Hertha BSC und Union Berlin

DIE PUNKTBESTEN BUNDESLIGATEAMS (III): 1980ER-JAHRE

Der FC Bayern dominierte Mitte der 1980er-Jahre wieder den deutschen Fußball. Das Jahrzehnt betrachtet, sammelten die Münchner die meisten Punkte in der Bundesliga. Zusammengerechnet hier die Top 5 der Bundesliga-Saisons 1979/80 bis 1988/89 laut www.transfermarkt.de im Überblick:

691 Punkte: FC Bayern München
628 Punkte: Hamburger SV
567 Punkte: VfB Stuttgart
560 Punkte: Werder Bremen
547 Punkte: 1. FC Köln

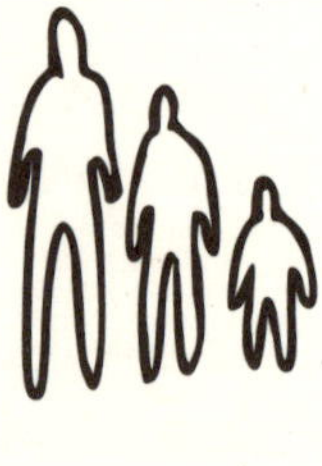

FIFA-WELTRANGLISTE

Der Fußball-Weltverband FIFA hat 1993 erstmals eine Weltrangliste für Nationalmannschaften eingeführt. Das Berechnungssystem wurde immer mal wieder geändert, bis heute gilt das Ranking besonders bei den Herren-Mannschaften als umstritten, es dient aber beispielsweise der FIFA bei Auslosungen als Orientierung für die Setzliste.

Die acht Nationen, die mindestens einmal bereits die FIFA-Weltrangliste der Nationalmannschaften der Männer angeführt haben, im Überblick:

- Brasilien
- Spanien
- Deutschland
- Belgien
- Argentinien
- Frankreich
- Italien
- Niederlande

Im August 2020 belegte Belgien vor Frankreich und Brasilien Platz eins. Deutschland rangierte auf Platz 15.

Vom 19. Dezember 2014 bis zum 9. Juli 2015 standen mit Deutschland die Männer- und die Frauen-Mannschaft desselben Landes erstmals gleichzeitig auf Platz eins der jeweiligen FIFA-Rangliste. Bei den Frauen konnten seit Einführung des Rankings 2003 überhaupt nur die USA und Deutschland Platz eins erobern.

DIE PUNKTBESTEN BUNDESLIGATEAMS (IV): 1990ER-JAHRE

Trotz einiger Schwächephasen: Der FC Bayern holte auch in den 1990er-Jahren die meisten Punkte in der Bundesliga. Nach der Drei-Punkte-Regel berechnet: Die Top-5-Teams der Bundesliga-Saisons 1989/90 bis 1998/99 laut www.transfermarkt.de im Überblick:

641 Punkte: FC Bayern München
585 Punkte: Borussia Dortmund
536 Punkte: Bayer 04 Leverkusen
513 Punkte: SV Werder Bremen
509 Punkte: VfB Stuttgart

DIE EINNAHME-KÖNIGE DES WELTFUSSBALLS

Das *Forbes*-Magazin stellt regelmäßig Gehaltstabellen aus verschiedenen Branchen zusammen. Im September 2020 folgte erneut ein Update über die am besten verdienenden Fußballer der Welt.

Der Argentinier Lionel Messi vom FC Barcelona belegt demnach die Spitzenposition. Der Offensivakteur verdient durch seinen Vertrag beim FC Barcelona, aber auch durch diverse Werbeverträge angeblich über 100 Millionen Euro pro Jahr. Im Februar 2021 wurde gemeldet, dass Messi seit 2017 inklusive Prämien rund 555 Millionen Euro brutto allein vom FC Barcelona erhalten haben soll.

Deutsche Spieler sind dagegen in den Top 10 der Einnahme-Könige nicht vertreten. Aus der Bundesliga ist aber Robert Lewandowski, polnischer Stürmer in Diensten des FC Bayern, dabei. *Forbes* gibt seine Einschätzung in Millionen Dollar an, das Ranking ist nun in Euro umgerechnet:

Die Top 10 der Einnahme-Könige

1. Lionel Messi (FC Barcelona): 106 Millionen Euro
2. Cristiano Ronaldo (Juventus Turin): 98 Millionen Euro
3. Neymar (Paris St. Germain): 81 Millionen Euro
4. Kylian Mbappe (Paris St. Germain): 35 Millionen Euro
5. Mohamed Salah (FC Liverpool): 31 Millionen Euro
6. Paul Pogba (Manchester United): 29 Millionen Euro
7. Antoine Griezmann (FC Barcelona): 28 Millionen Euro
8. Gareth Bale (Real Madrid): 24 Millionen Euro
9. Robert Lewandowski (Bayern München): 23,5 Millionen Euro
10. David De Gea (Manchester United): 23 Millionen Euro

DIE PUNKTBESTEN BUNDESLIGATEAMS (V): 2000ER-JAHRE

In den 2000er-Jahren holte wiederum der FC Bayern die meisten Punkte in der Bundesliga. Nach der Drei-Punkte-Regel berechnet: Die Top-5-Teams der Bundesliga-Saisons 1999/00 bis 2008/09 laut www.transfermarkt.de im Überblick:

702 Punkte: FC Bayern München
588 Punkte: SV Werder Bremen
567 Punkte: FC Schalke 04
564 Punkte: Bayer 04 Leverkusen
546 Punkte: VfB Stuttgart

SO TEUER IST EIN FAN-TRIKOT EINES BUNDESLIGAKLUBS

Wie teuer darf ein Trikot aus dem Fanshop eines Bundesligisten sein? Darüber gibt es seit Jahren hitzig geführte Diskussionen. Die Profi-Klubs halten jedoch an ihrer Preispolitik fest: Der Kauf eines Trikots geht in Richtung 100-Euro-Marke, sechs Vereine haben sie bereits übertroffen. Das Online-Magazin *FUMS* hat im September 2020 das Preis-Ranking für die Saison 2020/21 erstellt. In dem Trikot-Preis enthalten ist laut dem Portal auch die Beflockung eines Spielernamens und das offi-

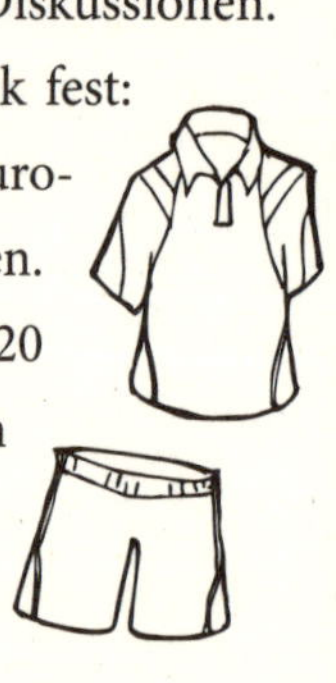

zielle Logo der Bundesliga. Der FC Augsburg verkauft demnach seine Trikots am günstigsten, RB Leipzig am teuersten.

18. FC Augsburg, Preis: 87,95 €
17. Arminia Bielefeld, Preis: 90,40 €
16. SC Freiburg, Preis: 90,60 €
15. Bayer Leverkusen, Preis: 92,41 €
14. Mainz 05, Preis: 92,71 €
13. 1. FC Köln, Preis: 93,03 €
12. 1899 Hoffenheim: 93,45 €
11. Borussia Mönchengladbach, Preis: 94,75 €
10. Werder Bremen, Preis: 97,43 €
9. Borussia Dortmund, Preis: 97,66 €
8. VfB Stuttgart, Preis: 97,99 €
7. VfL Wolfsburg, Preis: 98,40 €
6. Schalke 04, Preis: 100,85 €
5. Eintracht Frankfurt, Preis: 102,50 €
4. Hertha BSC, Preis: 103,19 €
3. Bayern München, Preis: 104,95 €
2. Union Berlin, Preis: 105,63 €
1. RB Leipzig, Preis: 108,90 €

DIE PUNKTBESTEN BUNDESLIGATEAMS (VI): 2010ER-JAHRE

Der FC Bayern verlor 2011 und 2012 das Meisterschaftsrennen gegen Borussia Dortmund, danach stiegen die Münchner zum Serienmeister auf – und sammelten auch in den 2010er-Jahren die meisten Punkte in der Bundesliga. Nach der Drei-Punkte-Regel berechnet: Die Top-5-Teams der Bundesliga-Saisons 2009/10 bis 2018/19 laut www.transfermarkt.de im Überblick:

800 Punkte: FC Bayern München
669 Punkte: Borussia Dortmund
582 Punkte: Bayer 04 Leverkusen
527 Punkte: FC Schalke 04
505 Punkte: Borussia Mönchengladbach

An Goulart und Real kommt keiner ran

WER BEI SOCIAL MEDIA DEN TON ANGIBT

SPIELERFRAUEN ALS SOCIAL-MEDIA-STARS

Nicht wenige Spielerfrauen der Bundesliga haben auf ihrem Instagram-Kanal über 100 000 Abonnenten – manchmal besitzen sie sogar mehr Follower als ihr Partner, der bekannte Fußballstar. Eine kurze Gegenüberstellung:

Izabel Goulart kommt bei Instagram auf 4,6 Millionen Abonnenten. Dies gilt als Höchstwert unter den Spielerfrauen der Bundesliga. Das international bekannte Topmodel stammt aus Brasilien und ist mit Kevin Trapp, Torwart von Eintracht Frankfurt, liiert. Der deutsche Nationalspieler bringt es auf 1,7 Millionen Follower. Goulart besitzt demnach fast drei Mal so viele Fans auf Instagram wie Trapp.

Anna Lewandowska weist stolze 3 Millionen Abonnenten auf Instagram auf. Ihr Mann Robert Lewandowski, Top-Star des FC Bayern, hat jedoch 20,1 Millionen Follower.

Ann-Kathrin Götze bringt es bei Instagram auf 1,3 Millionen Follower. Ihr Mann Mario Götze, Siegtorschütze im WM-Finale 2014, zählt 8,2 Millionen Fans auf Instagram.

Sophia Thomalla weiß auf Instagram 1,2 Millionen Abonnenten hinter sich. Ihr Partner Loris Karius, als Torwart des FC Liverpool zur Saison 2020/21 an Union Berlin ausgeliehen, liegt mit 1,7 Millionen Abonnenten knapp vor Thomalla.

Jordyn Huitema kommt auf 982 000 Abonnenten. Ihr Partner ist FC-Bayern-Verteidiger Alphonso Davies, der auf Instagram bereits 3,1 Millionen Follower gesammelt hat.

Cathy Hummels ist mit Mats Hummels, Verteidiger von Borussia Dortmund, verheiratet. Cathy Hummels besitzt bei Instagram 590 000 Abonnenten. Ihr Mann Mats übertrifft sie allerdings noch: Der Weltmeister von 2014 hat 3,1 Millionen Abonnenten.

Scarlet Gartmann-Reus weist 265 000 Abonnenten auf. Ihr Mann Marco Reus, Angreifer bei Borussia Dortmund, zählt bei Instagram 8,9 Millionen Follower.

Lisa Müller, die Frau von FC-Bayern-Star Thomas Müller, kommt bei Instagram auf 183 000 Follower. Thomas Müller bringt es auf 8,1 Millionen Follower.

Ina Aogo zählt zu den bekanntesten Spielerfrauen in Deutschland. Die Berlinerin weist 130 000 Abonnenten bei Instagram auf. Ihr Mann Dennis Aogo, WM-Teilnehmer von 2010, besitzt weniger Fans auf Instagram: Es sind rund 81 000 Follower.

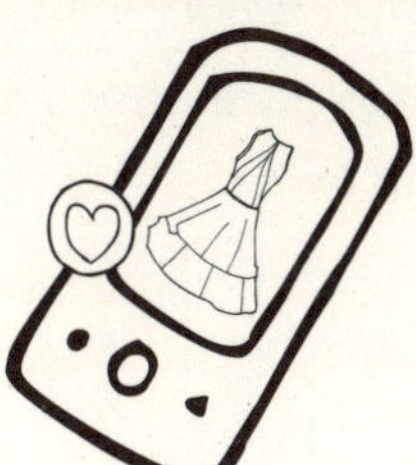

DIE SOCIAL-MEDIA-KÖNIGE UNTER DEN EUROPÄISCHEN TOP-KLUBS

Nahezu alle großen Klubs sind auf den Social-Media-Kanälen Twitter, Facebook und Instagram mit offiziellen Accounts vertreten. Die Website www.fussballdaten.de sammelt die Followerzahlen der Vereine, woraus sich dieses Top-10-Ranking ergibt:

Rang	Mannschaft	Gesamt	Twitter	Facebook	Instagram
1.	Real Madrid	217.119.088	35.042.150	108.139.115	73.937.823
2.	FC Barcelona	209.891.063	34.121.378	103.123.208	72.646.477
3.	Manchester United	126.521.651	23.382.463	73.662.663	29.476.525
4.	FC Chelsea	80.396.247	15.294.759	47.815.904	17.285.584
5.	FC Bayern	69.115.134	5.123.189	47.012.997	16.978.948
6.	Arsenal	69.049.639	16.505.721	37.927.829	14.616.089
7.	Juventus Turin	68.759.596	8.404.059	32.422.505	27.933.032
8.	Paris Saint-Germain	65.004.872	8.331.157	34.415.833	22.257.882
9.	FC Liverpool	64.282.939	15.577.678	31.506.718	17.198.543
10.	Manchester City	56.769.836	8.564.783	34.947.743	13.257.310

Rekord-Champions-League-Sieger Real Madrid ist demnach auch im Social-Media-Bereich das Maß aller Dinge unter Europas Top-Klubs und weist insgesamt rund 217 Millionen Follower auf Twitter, Facebook und Instagram auf.

Mit Manchester United, Chelsea, Arsenal, Liverpool und Manchester City stammen fünf Teams in den Top 10 aus England.

Der FC Bayern ist mit fast 70 Millionen Followern der einzige deutsche Vertreter in den europäischen Top 10. Borussia Dortmund als nächster deutscher Klub belegt europaweit Platz 13 (rund 27 Millionen Follower insgesamt). Auffällig: Besonders in Sachen Twitter besitzen die Münchner mit rund 5 Millionen Followern noch Luft nach oben. Alle anderen Teams in den Top 10 verzeichnen mindestens 8 Millionen Follower auf Twitter.

DAS YOUTUBE-RANKING DER DEUTSCHEN PROFI-KLUBS

Alle Klubs der 1. Bundesliga sowie der 2. und 3. Liga in der Saison 2020/21 sind mit einem Auftritt auf Youtube vertreten. Die Abonnentenzahlen des jeweils deutschsprachigen Accounts zusammengezählt, ergibt sich folgendes Youtube-Ranking:

Rang	Mannschaft	Follower	Leistungsklasse
1.	FC Bayern	1.860.000	Bundesliga
2.	Borussia Dortmund	691.000	Bundesliga
3.	Schalke 04	154.000	Bundesliga
4.	Werder Bremen	113.000	Bundesliga
5.	Hamburger SV	75.400	2. Liga
6.	Eintracht Frankfurt	67.000	Bundesliga

7.	Borussia M'gladbach	65.900	Bundesliga
8.	1. FC Köln	61.200	Bundesliga
9.	Hertha BSC	54.900	Bundesliga
10.	VfB Stuttgart	41.600	Bundesliga
11.	VfL Wolfsburg	38.900	Bundesliga
12.	Dynamo Dresden	34.700	3. Liga
13.	RB Leipzig	33.800	Bundesliga
14.	Hannover 96	33.700	2. Liga
15.	Bayer Leverkusen	30.200	Bundesliga
16.	1. FC Nürnberg	25.200	2. Liga
17.	1. FC Kaiserslautern	21.600	3. Liga
18.	TSG 1899 Hoffenheim	20.400	Bundesliga
19.	Union Berlin	18.700	Bundesliga
20.	Hansa Rostock	17.100	3. Liga
21.	FC Augsburg	17.000	Bundesliga
22.	Fortuna Düsseldorf	16.900	2. Liga
23.	Arminia Bielefeld	14.800	Bundesliga
24.	SC Freiburg	13.700	Bundesliga
25.	VfL Bochum	13.400	2. Liga
26.	Mainz 05	11.800	Bundesliga
26.	Waldhof Mannheim	11.800	3. Liga
28.	Karlsruher SC	11.700	2. Liga
29.	FC St. Pauli	11.500	2. Liga
30.	TSV 1860 München	9.250	3. Liga
31.	Erzgebirge Aue	8.710	2. Liga

32.	1. FC Magdeburg	8.380	3. Liga
33.	MSV Duisburg	8.350	3. Liga
34.	SC Paderborn	7.570	2. Liga
35.	Eintracht Braunschweig	7.350	2. Liga
36.	VfL Osnabrück	6.450	2. Liga
37.	SV Darmstadt 98	6.030	2. Liga
38.	Holstein Kiel	4.610	2. Liga
39.	FC Ingolstadt	4.230	3. Liga
40.	SpVgg Greuther Fürth	4.200	2. Liga
41.	1. FC Saarbrücken	4.040	3. Liga
42.	1. FC Heidenheim	3.940	2. Liga
43.	Jahn Regensburg	3.860	2. Liga
44.	Hallescher FC	3.750	3. Liga
45.	Würzburger Kickers	2.560	2. Liga
46.	Wehen Wiesbaden	2.400	3. Liga
47.	VfB Lübeck	2.260	3. Liga
48.	FSV Zwickau	2.130	3. Liga
49.	SpVgg Unterhaching	1.870	3. Liga
50.	SV Sandhausen	1.710	2. Liga
51.	SV Meppen	711	3. Liga
52.	KFC Uerdingen	604	3. Liga
53.	Türkgücü München	603	3. Liga
54.	SC Verl	495	3. Liga
55.	Viktoria Köln	336	3. Liga

Ein paar Fakten zum Ranking:

Mit dem FC Bayern kommt bislang nur ein deutscher Klub auf eine Abonnentenzahl von über einer Million.

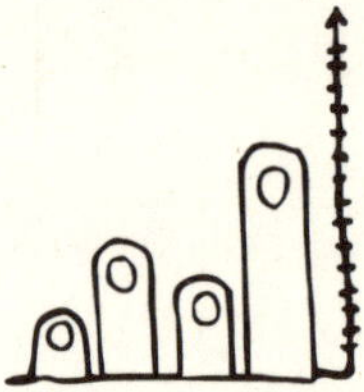

Vier deutsche Profi-Klubs (Bayern, Dortmund, Schalke, Bremen) können auf über 100 000 Abonnenten verweisen.

Der Hamburger SV liegt mit 75 400 Followern als bester Zweitligist auf Platz fünf im Ranking.

Fünf Bundesligisten (Union, Augsburg, Bielefeld, Freiburg, Mainz) sind nicht unter den ersten 18 Teams im Youtube-Ranking vertreten. Der FSV Mainz 05 ist den Zahlen nach der schwächste Bundesligist. Die Mainzer belegen Platz 26 mit 11 800 Abonnenten.

Dagegen sind in diesem Ranking die Traditionsklubs Hamburger SV, Dynamo Dresden, Hannover 96, der 1. FC Nürnberg und der 1. FC Kaiserslautern erstligareif und liegen in den besten 18.

Dynamo Dresden auf Platz zwölf ist unter den Drittligisten der Top-Klub mit 34 700 Abonnenten. Insgesamt sind drei Drittligisten in den Top 20: Neben Dresden sind das der 1. FC Kaiserslautern (17.) und Hansa Rostock (20.).

Drittligist Viktoria Köln belegt mit Platz 55 und 336 Abonnenten den letzten Platz im Ranking der 55 deutschen Profi-Klubs (Drittligist FC Bayern II nicht mitgezählt). Allerdings: Die Kölner wirken auf ihrem Youtube-Kanal engagierter als mancher Konkurrent. Im Format »Viktoria Secrets« etwa beantworten Profis wie Lucas Cueto direkt von Fans gestellte Fragen.

Deutschland führt die »ewige Tabelle« an und Ronaldo ist der »Dauerbrenner«

ALLES ZUR EUROPAMEISTERSCHAFT

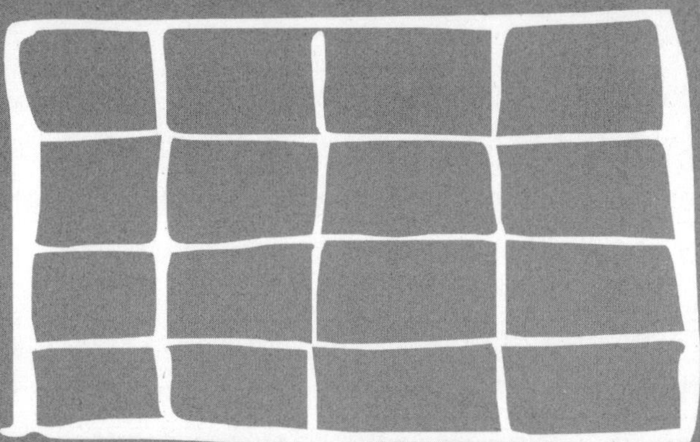

16 ALL-TIME-REKORDE ZUR EUROPAMEISTERSCHAFT

Die Europameisterschaft 2020 sollte im Juni und Juli 2020 verteilt auf zwölf Länder ausgetragen werden. Das Finale war vom europäischen Fußballverband (UEFA) für den 12. Juli 2020 in London angesetzt. Durch die Corona-Pandemie wurde das Turnier jedoch auf den Sommer 2021 verschoben. Zum anvisierten Start des 16. EM-Turniers am 11. Juni 2021 insgesamt 16 Allzeitrekorde im Überblick:

1. Deutschland und Spanien teilen sich den Titel Rekord-Europameister. Deutschland holte den EM-Pokal 1972, 1980 und 1996. Spanien siegte 1964, 2008 und 2012.

2. Rekord-Finalteilnehmer ist Deutschland. Sechs Mal stand die deutsche Auswahl in einem Finale, die Endspiele 1976 mit Sieger Tschechoslowakei, 1992 mit Sieger Dänemark und 2008 mit Sieger Spanien gingen allerdings verloren.

3. Am häufigsten bei einer EM teilgenommen hat Deutschland. Vor der EM 2020 waren es zwölf Starts. Kurios: An den ersten zwei EMs nahm Deutschland nicht teil, für das dritte Turnier 1968 rasselte das DFB-Team durch die Qualifikation. Seitdem aber ist Deutschland bei jeder Europameisterschaft vertreten.

Die »ewige EM-Tabelle«

4. Deutschland belegt in der »ewigen EM-Tabelle« Platz eins, hat die meisten Spiele (49) bestritten, die meisten EM-Siege (26) eingefahren und die meisten Tore (72) erzielt. Spanien, Frankreich, Italien, Portugal und die Niederlande folgen auf den Plätzen zwei bis sechs.

Die besten Sechs der ewigen EM-Tabelle vor der EM 2021 nach offiziellen Angaben der UEFA:

Rang	Mannschaft	EM-Starts	Titel	Spiele	S	U	N	Tore	Punkte
1.	Deutschland	12	3	49	26	12	11	72:48	64
2.	Spanien	10	3	40	19	11	10	55:36	49
3.	Frankreich	9	2	39	20	9	10	62:44	49
4.	Italien	9	1	38	16	16	6	39:27	48
5.	Portugal	7	1	35	18	9	8	49:31	45
6.	Niederlande	9	1	35	18	9	8	49:31	45

Anmerkung: Die UEFA verteilt für diese Wertung für einen Sieg zwei Punkte, für ein Remis einen Punkt.

5. Die Anzahl der Spiele bei einer Europameisterschaft und der Modus haben sich über die Jahre mehrfach verändert. Bis vor dem Turnier 1980 bestand das Turnier in einem Gastgeberland im Grunde nur aus den Halbfinals und den Finals (zeitweise mit Spiel um Platz drei). Ab 1980 gab es dann zwei

Vierer-Gruppen, die beiden besten Teams rückten jeweils ins Halbfinale vor. 1996 erfolgte die Ausdehnung auf vier Gruppen mit jeweils vier Teams, insgesamt also 16 Mannschaften. Die K.-o.-Runde startete dann mit dem Viertelfinale. 2016 erweiterte die UEFA das Turnier auf 24 Teams, damit auf sechs Gruppen mit jeweils vier Mannschaften. Start der K.-o.-Runde war das Achtelfinale.

Vergleichswerte über die EM-Turniere hinweg können oftmals einen falschen Eindruck erwecken. Dennoch sei festgehalten: Die Europameisterschaft 1988 in Deutschland weist den höchsten Besucherschnitt pro Partie auf. Die 15 EM-Partien in den Austragungsorten Hamburg, Hannover, Gelsenkirchen, Düsseldorf, Köln, Frankfurt, Stuttgart und München verzeichneten im Schnitt 57 584 Zuschauer pro Spiel.

Die meisten Zuschauer beim EM-Finale

6. Das Finale 1964 zwischen Spanien und der Sowjetunion (2 : 1) galt bislang als jene Partie mit den meisten Stadionbesuchern bei einer EM-Partie. 79 115 Zuschauern sollen das Endspiel im Santiago Bernabéu von Madrid damals verfolgt haben. Dieser Wert könnte bei der kommenden EM 2021 jedoch übertroffen werden. Das umgebaute Londoner Wembley-Stadion besitzt ein Fassungsvermögen von 90 000 Zuschauern.

7. Die drei EM-Spiele mit den höchsten TV-Einschaltquoten in Deutschland waren:

- 29,82 Millionen Zuschauer beim EM-Halbfinale 2016 zwischen Gastgeber Frankreich und dem damals amtierenden Weltmeister Deutschland. Frankreich setzte sich mit 2:0 durch.
- 29,46 Millionen Zuschauer beim EM-Halbfinale 2008 zwischen Deutschland und der Türkei. Deutschland gewann die Partie mit 3:2.
- 28,44 Millionen Zuschauer beim EM-Finale 1996 zwischen Deutschland und Tschechien. Die DFB-Auswahl gewann per »Golden Goal« in der Verlängerung mit 2:1.

8. Der höchste EM-Sieg datiert vom 25. Juni 2000. Die Niederlande besiegten in der Vorrunde das damalige Rest-Jugoslawien mit 6:1.

9. Der 6:1-Erfolg der Niederlande war zugleich die zweittorreichste Partie der EM-Historie. Die torreichste Partie der EM-Geschichte war jedoch die Halbfinal-Begegnung zwischen Frankreich und dem ehemaligen Jugoslawien am 6. Juli 1960. Im Parc des Princes in Paris fielen insgesamt neun Tore. Frankreich unterlag nach zwischenzeitlicher 3:1- und 4:2-Führung allerdings noch mit 4:5.

Die EM-Rekordspieler

10. Portugals Europameister Cristiano Ronaldo weist die meisten Einsätze bei EM-Turnieren auf. Der Stürmer bestritt seit der EM 2004 bereits 21 Partien. Deutschlands Legende Bastian Schweinsteiger folgt auf Platz zwei. Der frühere Münchner brachte es auf 18 Einsätze zwischen den EM-Turnieren 2004 und 2016. Italiens Ex-Torhüter Gianluigi Buffon belegt Rang drei mit 17 Einsätzen.

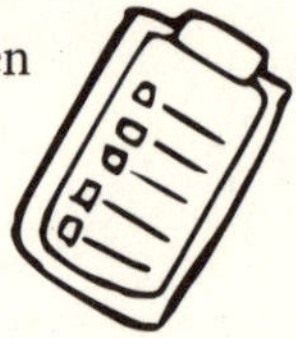

11. Cristiano Ronaldo und Michel Platini sind die Rekord-Torschützen bei Europameisterschaften mit jeweils neun Treffern. Dem Franzosen Platini glückten alle neun Treffer bei der Heim-EM und dem Titel-Triumph 1984 – kein Spieler erzielte jemals mehr Tore bei einem EM-Turnier. Die deutschen EM-Rekord-Torschützen sind Jürgen Klinsmann und Mario Gómez mit jeweils insgesamt fünf Treffern.

12. Mehrere Male zählte ein deutscher Spieler zu den besten Torschützen des Turniers:

- 1972 holte sich Gerd Müller die Torjägerkanone mit vier Treffern.
- 1976 war dann Dieter Müller EM-Torjäger Nummer eins, ebenfalls mit vier Toren in zwei Spielen.
- 1980 folgte Klaus Allofs mit drei Toren in drei Spielen.

- 1992 teilte sich Karl-Heinz Riedle mit drei Treffern die Torjägerkanone der EM mit drei weiteren Spielern (Dennis Bergkamp, Henrik Larsen, Tomas Brolin).
- 2012 konnte dann aus deutscher Sicht Mario Gómez reüssieren. Dem Stürmer gelangen – wie den fünf Konkurrenten Cristiano Ronaldo, Mario Balotelli, Fernando-Torres,Mario Mandzukic und Alan Dzagoev – ebenfalls drei Tore.

13. Ivica Vastic ist der älteste Torschütze bei einem EM-Turnier. Der Stürmer erzielte im Alter von 38 Jahren, 8 Monaten und 14 Tagen am 12. Juni 2008 beim EM-Gruppenspiel gegen Polen den 1 : 1-Ausgleichstreffer für Österreich.

    Miroslav Klose ist der älteste deutsche Torschütze bei einem EM-Turnier. Mit 34 Jahren und 13 Tagen traf er am 22. Juni 2012 im Viertelfinale gegen Griechenland zum zwischenzeitlichen 3 : 1. Das DFB-Team siegte am Ende mit 4 : 2.

14. Johan Vonlanthen ist der jüngste Torschütze in der EM-Geschichte. Am 21. Juni 2004 traf er im Alter von 18 Jahren, 4 Monaten und 20 Tagen zum 1 : 1 für die Schweiz in der Gruppenpartie gegen Frankreich. Allerdings entschieden die Franzosen die Partie am Ende mit 3 : 1 für sich.

    Olaf Thon ist der jüngste deutsche Torschütze bei einem EM-Turnier. Er markierte 1988 den 2 : 0-Endstand in der

Gruppenpartie gegen Dänemark. Thon war damals 22 Jahre, 1 Monat und 14 Tage alt.

15. Die meisten Strafkarten bei einem EM-Spiel gab es bei der Gruppenpartie zwischen Deutschland und Tschechien am 9. Juni 1996. Schiedsrichter David Elleray (England) teilte zehn Mal Gelb aus: sechs Mal für das DFB-Team (Christian Ziege, Stefan Kuntz, Andreas Möller, Markus Babbel, Stefan Reuter, Thomas Häßler) und vier Mal für Tschechien (Radek Bejbl, Pavel Nedved, Radek Drulak, Miroslav Kadlec). Platzverweise gab es allerdings keine. Deutschland gewann die Partie mit 2:0.

Die Kapitäne der EM-Sieger

16. Für jeden europäischen Fußballer dürfte es ein großer Traum sein, seine Mannschaft als Kapitän zum EM-Titel zu führen. Iker Casillas realisierte diesen Traum als einziger Spieler in der EM-Geschichte sogar zwei Mal. Alle Kapitäne der EM-Sieger-Mannschaften im Überblick:

    Mittelfeldspieler und Kapitän **Igor Netto** wurde 1960 mit der Sowjetunion erstmals Europameister.

    1964 führte Verteidiger und FC-Barcelona-Legende **Ferran Olivella** Spanien als Kapitän zum EM-Titel.

1968 siegte erstmals Italien. Mit **Giacinto Facchetti** von Inter Mailand war erneut ein Verteidiger Kapitän des Europameisters.

1972 trieb Libero **Franz Beckenbauer** Deutschland zum ersten EM-Triumph.

1976 erhielt Verteidiger **Anton Ondruš** als Kapitän der Tschechoslowakei den EM-Pokal.

1980 stemmte Verteidiger und Deutschland-Kapitän **Bernard Dietz** den Pokal als Erster in die Höhe.

1984 trumpfte Regisseur und Kapitän **Michel Platini** mit Frankreich auf und holte den EM-Titel.

1988 wurden die Niederlande bei der EM in Deutschland Europameister. Der Kapitän damals: Regisseur **Ruud Gullit.**

1992 feierte Außenseiter Dänemark den großen Coup. Kapitän der Dänen war Verteidiger **Lars Olsen**.

1996 hievte dann Stürmer und Kapitän **Jürgen Klinsmann** für Deutschland den EM-Pokal in die Höhe.

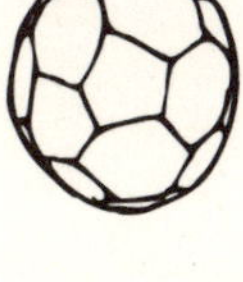

2000 war es für Sieger Frankreich Mittelfeldspieler und Kapitän **Didier Deschamps**.

2004 holte Griechenland überraschend den EM-Titel. Kapitän war Mittelfeldspieler **Theodoros Zagorakis**.

2008 und 2012 holte Spanien den EM-Titel. So kam Torwart und Kapitän **Iker Casillas** gleich zwei Mal in den Genuss, den EM-Pokal als erster Spieler der Mannschaft in die Höhe zu stemmen.

2016 schließlich blieb diese Ehre Portugals Kapitän **Cristiano Ronaldo** überlassen.

BEST OF CHAMPIONS LEAGUE

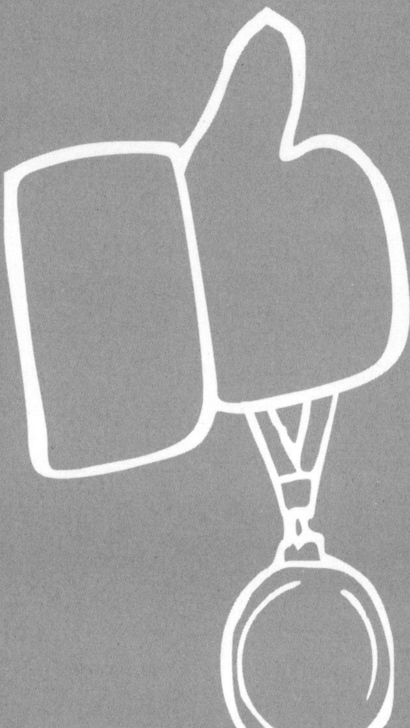

Der Europapokal der Landesmeister startete als bedeutendster Vereinswettbewerb in Europa erstmals in der Saison 1955/56. Seit der Spielzeit 1992/93 wird der Kampf um den begehrten Henkelpott im Champions-League-Modus ausgetragen. Vor den K.-o.-Runden ist in der Regel eine Gruppenphase vorgeschaltet, in der mit der Zeit auch immer mehr Teams die Qualifikation für die Königsklasse ermöglicht wurde, die in der Vorsaison nicht den nationalen Meistertitel geholt hatten.

Die Rekord-Teilnehmer

Insgesamt haben 145 Vereine aus 33 Nationen bislang in der Königsklasse gespielt. Der FC Barcelona hat mit 26 Starts – die Saison 2020/21 eingerechnet – am häufigsten an der Champions League teilgenommen. Die Katalanen fehlten einzig in den Spielzeiten 1995/96, 1996/97 und 2003/04 in der Königsklasse. Auf Rang zwei folgt Real Madrid mit 25 Starts. Die Königlichen waren nur in den CL-Saisons 1992/93, 1993/94, 1994/95 und 1996/97 nicht vertreten. Der FC Bayern belegt den geteilten Platz drei mit 24 Teilnahmen an der Champions League (wie der FC Porto). Die Münchner verpassten die Königsklasse nur 1992/93, 1993/94, 1995/96, 1996/97 und 2007/08.

Die Top 5 der deutschen Teams in Sachen Champions-League-Teilnahme inklusive der Saison 2020/21 lauten:

1. FC Bayern (24×)
2. Borussia Dortmund (15×)
3. Bayern Leverkusen (12×)
4. Schalke 04 (8×)
5. Werder Bremen (7×)

Insgesamt haben 13 deutsche Teams bereits mindestens einmal an der Champions League teilgenommen: Neben den genannten Top 5 sind dies noch der VfB Stuttgart (vier Mal), RB Leipzig und Borussia Mönchengladbach (jeweils drei Mal), der Hamburger SV und VfL Wolfsburg (jeweils zwei Mal), Hertha BSC, der 1. FC Kaiserslautern und die TSG 1899 Hoffenheim (jeweils einmal).

Im Vergleich der großen Fußballligen haben deutsche Teams in Sachen CL-Qualifikation ein wenig das Nachsehen. 95 Mal hat ein spanischer Verein an der Königsklasse teilgenommen, 92 Mal ein Verein aus England. Deutsche und italienische Klubs liegen auf Rang drei mit jeweils 82 Teilnahmen.

Wer die Champions League am häufigsten gewonnen hat

Seit dem Start der Champions League bis zur Saison 2019/20 haben Vereine aus insgesamt nur sieben Ländern den Henkelpott gewonnen. Die spanischen Klubs triumphierten bei insgesamt 11 von insgesamt 28 CL-Saisons, eine Erfolgsquote von rund 39 Prozent.

Triumphe der Champions League, nach nationaler Liga geordnet:

1. Spanien (11×)
2. England (5×)
2. Italien (5×)
4. Deutschland (4×)
5. Frankreich (1×)
5. Portugal (1×)
5. Niederlande (1×)

13 Klubs haben die Champions League mindestens einmal gewinnen können. Real Madrid ragt mit sieben Triumphen zwischen 1992/93 und 2019/20 heraus:

Triumphe in der Champions League, nach Verein geordnet:

1. Real Madrid (7×)
2. FC Barcelona (4×)
3. FC Bayern (3×)
3. AC Mailand (3×)
5. Manchester United (2×)
5. FC Liverpool (2×)
7. Ajax Amsterdam (1×)
7. Borussia Dortmund (1×)
7. FC Chelsea (1×)
7. FC Porto (1×)
7. Inter Mailand (1×)

7. Juventus Turin (1×)
7. Olympique Marseille (1×)

Rekordserien

Manchester United konnte zwischen dem 19. September 2007 und dem 5. Mai 2009 einen Unbesiegt-Rekord in der Königsklasse erringen: Die Engländer blieben 25 CL-Partien in Folge ungeschlagen. Erst im Finale am 27. Mai 2009 folgte eine 0:2-Niederlage gegen den FC Barcelona.

Bayern München hat zwischen dem 17. September 2014 und dem 15. Februar 2017 alle seine 16 Heimspiele in der Champions League in Folge gewonnen – Rekord.

Der FC Bayern und Ajax Amsterdam teilen sich den Rekord von sieben CL-Auswärtssiegen in Folge. Den Münchnern glückte diese Erfolgsserie zwischen dem 19. Februar 2013 und dem 19. Februar 2014. Ajax gelang der Rekord zwischen November 1995 und März 1997.

AEK Athen stellte zwischen September 2002 und September 2003 einen Unentschieden-Rekord auf. Die Griechen spielten sieben CL-Partien in Folge remis.

Olympique Marseille hält einen unrühmlichen Negativrekord in der Champions League inne. Zwischen dem 13. März 2012 und dem 25. November 2020 verloren die Franzosen alle ihre 13 CL-Partien in Folge.

Steaua Bukarest (FC SB Bukarest) wartet seit dem 26. September 2006 auf einen Sieg in der Champions League. Die Rumänen konnten seitdem keine ihrer 23 CL-Partien gewinnen (16 Niederlagen und 7 Remis) – Negativrekord.

Tor-Rekorde: Real und Ronaldo liegen im Gesamtscore vorn

Real Madrid, der FC Barcelona und Bayern München sind die einzigen drei Teams, die in der Geschichte der Champions League bereits über 500 Tore erzielt haben. Vor der Saison 2020/21 lautete der Stand: Real 576 Tore, Barca 530 Treffer und Bayern 515 Tore.

Der FC Barcelona hält den Tor-Rekord in einer CL-Saison. Den Katalanen gelangen 45 Treffer in der Spielzeit 1999/2000. Bayern München folgt auf Platz zwei mit 43 Toren in der Saison 2019/20. Durch die Corona-Pandemie hielt die Saison allerdings nur elf Partien für die Münchner bis zum Finalsieg bereit. Barca erzielte die 45 Tore in 16 Spielen. Der Torschnitt pro Partie liegt demnach bei den Münchnern mit 3,91 höher als einst bei Barca (2,81).

Real Madrid und der FC Liverpool teilen sich den jeweils höchsten Sieg der CL-Historie. Madrid besiegte im Dezember 2015 den schwedischen Vertreter Malmö FF mit 8:0. Der FC Liverpool gewann im November 2007 ebenfalls mit 8:0 gegen Beşiktaş Istanbul.

Die CL-Partie mit der höchsten Trefferanzahl lieferte Borussia Dortmund bei seinem Heimsieg im November 2016 über Legia Warschau. Der BVB siegte mit 8:4 gegen den polnischen Traditionsklub, insgesamt fielen demnach zwölf Tore. Auf Platz zwei rangiert die Partie AS Monaco gegen Deportivo La Coruña aus dem Jahr 2003 mit elf Toren (8:3). Platz drei geht an die Viertelfinalpartie 2020 zwischen dem FC Bayern und dem FC Barcelona, die zehn Tore und einen 8:2-Sieg der Münchner bot.

Schachtjor Donezk und der RSC Anderlecht haben bereits in sechs ihrer CL-Partien mehr als vier Gegentreffer kassiert, was einen Negativrekord in der Königsklasse darstellt.

Der FC Arsenal blieb zwischen dem 27. September 2005 und dem 17. Mai 2006 durchgehend ohne Gegentor. Das entspricht 995 Spielminuten – Bestwert in der Königsklasse. Erst im CL-Finale brach die Serie der Londoner, als der FC Barcelona einen 0:1-Rückstand durch Tore in der 76. und 81. Spielminute in einen 2:1-Sieg umwandelte.

449 Tore fielen in der CL-Saison 2000/01 insgesamt – Rekord. Der höchste Torschnitt stammt jedoch von der CL-Spielzeit 2019/20: In jener Saison fielen 3,24 Tore pro Partie.

Cristiano Ronaldo und Lionel Messi sind die einzigen beiden Spieler, die in der Champions League die sensationelle Marke von über 100 Toren erreicht haben. Vor dem Start der Saison 2020/21 brachte es Ronaldo auf 131 CL-Tore in seiner Karriere, Messi auf 118 Treffer.

Cristiano Ronaldo erzielte in der CL-Saison 2013/14 die höchste Anzahl an Toren, die je ein Spieler innerhalb einer Spielzeit erreicht hat: Es waren 17 Treffer. Der Portugiese belegt in dieser Kategorie auch die Plätze zwei (16 Tore, Saison 2015/16) und drei (15 Tore, Saison 2017/18). Ebenfalls auf Platz drei: Robert Lewandowski, der für Bayern München 2019/20 auch 15 Tore erzielte. Lionel Messi folgt auf Platz fünf mit 14 Toren in der CL-Saison 2011/12.

Lionel Messi und Luiz Adriano teilen sich den Rekord von jeweils fünf erzielten Toren in einer einzigen CL-Partie. Messi steuerte am 7. März 2012 fünf Treffer zum 7:1-Erfolg seines FC Barcelona über Bayer Leverkusen bei. Der Brasilianer Adriano traf am 21. Oktober 2014 fünf Mal für Schachtjor Donezk beim 7:0-Auswärtssieg über BATE Borisov.

Bafétimbi Gomis erzielte am 7. Dezember 2011 den schnellsten Dreierpack der CL-Geschichte. Beim 7:1-Auswärtssieg von Olympique Lyon bei Dinamo Zagreb traf der Franzose in den Spielminuten 45, 48 und 52. Insgesamt schoss Gomis damals sogar vier Tore.

Cristiano Ronaldo ist der einzige Spieler, der in drei CL-Finals jeweils mindestens ein Tor erzielt hat. Der Portugiese traf 2008 für Manchester United sowie 2014 und 2017 für Real Madrid. 2017 glückten dem Stürmer sogar zwei Treffer beim 4:1-Sieg über Juventus Turin.

Iñigo Martínez von Real Sociedad San Sebastián unterlief am 23. Oktober 2013 das schnellste Eigentor der CL-Geschichte. Nach dem der Ball vom Pfosten zurückprallte, wollte der Spanier die erste Angriffsaktion von Manchester United klären, er lenkte das Leder allerdings unglücklich ins eigene Netz. Manchester ging somit nach einer Minute und neun Sekunden mit 1:0-Führung, was zugleich auch nach 90 Spielminuten der Endstand war.

1:1 lautet das häufigste Ergebnis in einer CL-Partie. Bis einschließlich der Saison 2019/20 endete 340 Mal eine Begegnung der Königsklasse mit 1:1. Das zweithäufigste Ergebnis ist ein 1:0 (325 Mal), gefolgt von einem Resultat von 2:1 (283 Mal).

Sieben Elfmeterschießen in CL-Finals

16 Mal musste eine CL-Partie im Elfmeterschießen entschieden werden, fast die Hälfte davon (7) wurde im Endspiel ausgefochten. Champions-League-Sieger nach einem aufreibenden Elfmeterschießen im Finale wurden:

Juventus Turin im Jahr 1996 mit einem 4:2-Sieg i. E. über Ajax Amsterdam

Bayern München im Jahr 2001 mit einem 5:4-Sieg i. E. über den FC Valencia

AC Mailand im Jahr 2003 mit einem 3:2-Sieg i. E. über Juventus Turin

FC Liverpool im Jahr 2005 mit einem 3:2-Sieg i. E. Über den AC Mailand

Manchester United im Jahr 2008 mit einem 6:5-Sieg i. E. über FC Chelsea

FC Chelsea im Jahr 2012 mit einem 4:3-Sieg i. E. über Bayern München

Real Madrid im Jahr 2016 mit einem 5:3-Sieg i. E. über Atlético Madrid

Mehmet Scholl (2001, Bayern München), Xabi Alonso (2005, FC Liverpool), Arjen Robben (2012, Bayern München) und Antoine Griezmann (2016, Atlético) sind jene vier Spieler, die in einem Champions-League-Finale vor dem Elfmeterschießen einen Elfmeter während der Partie vergeben haben. Alonso konnte allerdings damals gegen den AC

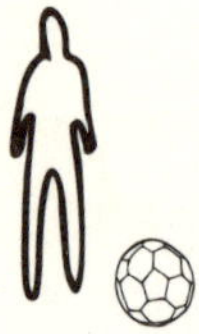

Mailand im Nachschuss doch noch zum 3:3-Ausgleich verwandeln.

Ballota, Totti und Maldini als CL-Rekord-Routiniers

Marco Ballotta ist der älteste eingesetzte Spieler der CL-Geschichte. Der Keeper hütete für Lazio Rom am 11. Dezember 2007 im Alter von 43 Jahren und 252 Tagen das Tor beim Gastspiel in Madrid. Lazio unterlag allerdings Real mit 1:3.

Francesco Totti ist der älteste Torschütze der CL-Historie. Mit 38 Jahren und 59 Tagen traf er am 25. November 2014 für die AS Roma beim Auswärtsspiel bei ZSKA Moskau zur 1:0-Führung. Die Partie endete 1:1.

Paolo Maldini ist der älteste Spieler, der die Champions League gewonnen hat. Der italienische Verteidiger feierte am 23. Mai 2007 den CL-Triumph mit dem AC Mailand über den FC Liverpool. Maldini war damals 38 Jahre und 331 Tage alt.

Als Gegensatz: Nwankwo Kanu ist der jüngste Spieler, der die Champions League gewonnen hat. Als der Nigerianer mit Ajax Amsterdam am 24. Mai 1995 den Titel errang, war der Stürmer erst 18 Jahre und 296 Tage alt.

Juve-Profis fliegen am häufigsten vom Platz

Spieler von Juventus Turin erhielten in der CL-Historie bislang die meisten Platzverweise. Einschließlich der Saison 2019/2020 mussten 27 Profis vorzeitig das Feld verlassen. Gleich in zwei CL-Spielzeiten (2000/01 und 2005/06) flogen jeweils insgesamt fünf Juve-Profis die Saison über vom Platz – ebenfalls ein unrühmlicher Rekord.

Olexandr Kucher von Schachtjor Donezk erhielt die schnellste Rote Karte der CL-Geschichte. Beim 7:0-Sieg des FC Bayern über Donezk im März 2015 musste der Ukrainer aufgrund einer Notbremse bereits nach 3 Minuten und 59 Sekunden das Feld verlassen.

Jens Lehmann (2006, Arsenal), Didier Drogba (2008, FC Chelsea) und Juan Cuadrado (2017, Juventus) sind jene drei Profis, die bislang in einem Finale der Champions League eine Rote Karte erhalten haben. Das jeweils dann in Unterzahl spielende Team verlor das Finale.

Bayern profitiert am häufigsten von der Auswärtstorregel

Der FC Bayern und die AS Monaco haben bislang in der Königsklasse von der Auswärtstorregel am häufigsten profitiert. Jeweils fünf Mal setzten sich beide Teams in der K.-o.-Runde gegen einen Kontrahenten durch, weil sie bei Gleichstand im Gesamtscore aus Hin- und Rückspiel mehr Auswärtstore erzielt hatten. Inter Mailand schied dagegen schon vier Mal aufgrund der Auswärtstorregel aus der Königsklasse vorzeitig aus.

Dominanz im Halbfinale

In fünf CL-Saisons gelangten gleich drei Klubs aus derselben Liga in das Halbfinale:

2000 waren die Spanien-Klubs Real Madrid, FC Barcelona und FC Valencia im Halbfinale.

2003 erreichten die Italien-Klubs AC Mailand, Inter Mailand und Juventus Turin das Halbfinale.

2007 und 2008 rückten jeweils das England-Trio Manchester United, FC Chelsea und FC Liverpool ins Halbfinale vor.

2009 waren erneut drei England-Klubs im Semifinale: der FC Arsenal, der FC Chelsea und Manchester United.

CL-Blamage für Titelverteidiger Chelsea

Der FC Chelsea ist der einzige Champions-League-Sieger, der in der Folgesaison bereits in der Gruppenphase der Königsklasse scheiterte. Die Londoner holten sich den Pokal in der Saison 2011/12. In der Spielzeit 2012/13 errang Chelsea dann zehn Punkte aus sechs Spielen, was in der Gruppenphase nur zu Platz drei reichte. Allerdings: Chelsea setzte in der Europa League die Saison fort und gewann den Wettbewerb!

Real als »Titelhamster«

Real Madrid stand mit sieben Teilnahmen am häufigsten in einem Finale der Champions League. Die Königlichen gewannen dabei alle ihre Endspiele. Es folgen Bayern München, der AC Mailand und Juventus Turin mit jeweils sechs Finalteilnahmen und der FC Barcelona mit fünf Endspiel-Beteiligungen.

Juventus Turin hat mit fünf Niederlagen die meisten Endspiele der Champions-League-Historie verloren. Die Italiener konnten das CL-Finale nur 1996 gewinnen – im Elfmeterschießen gegen Ajax Amsterdam.

Sieben Mal standen sich im Finale der Champions League zwei Teams aus demselben Land gegenüber:

2000: Real Madrid vs. FC Valencia (3:0)
2003: AC Mailand vs. Juventus Turin (3:2 i. E.)
2008: Manchester United vs. FC Chelsea (7:6 n. E.)
2013: FC Bayern vs. Borussia Dortmund (2:1)
2014: Real Madrid vs. Atlético (4:1 n. V.)

2016: Real Madrid vs. Atlético (6:4 n. E.)

2019: FC Liverpool vs. Tottenham Hotspur (2:0)

Unter den Spielern zählt Clarence Seedorf zu den größten »Titelhamstern«. Seedorf gewann mit drei unterschiedlichen Teams die Champions League – Rekord! Mit Ajax Amsterdam war der niederländische Mittelfeldspieler 1995 erfolgreich, mit Real Madrid 1998 und mit dem AC Mailand 2003 und 2007.

Die meisten Zuschauer im CL-Finale gab es 1998/99

Das Champions-League-Endspiel mit den meisten Stadionbesuchern war 1999 die Partie zwischen Bayern München und Manchester United. Die dramatische 1:2-Niederlage der Münchner sahen im Camp Nou von Barcelona 90 245 Fans.

Das CL-Finale mit den wenigsten Zuschauern stammt aus dem Jahr 1998. Real Madrid besiegte damals Juventus Turin mit 1:0 vor 48 500 Fans in der Amsterdam-Arena.

Trainer-Rekorde: Ancelotti, Zidane und Ferguson trumpfen auf

Carlo Ancelotti und Zinédine Zidane haben in ihrer Funktion als Chefcoach am häufigsten die Champions League gewonnen. Ancelotti glückte der Triumph mit dem AC Mailand 2003 und 2007 sowie 2014 mit Real Madrid. Zinédine holte alle drei Triumphe mit Real Madrid zwischen 2016 und 2018. Zidane wurde zudem Champions-League-Sieger als Co-Trainer von Real Madrid und unter Ancelottis Führung im Jahr 2014.

Sir Alex Ferguson hat am häufigsten eine Mannschaft in der Champions League betreut. Er coachte insgesamt 190-mal Manchester United in der Königsklasse – Rekord. Der Franzose Arsène Wenger mit 178 Einsätzen verteilt auf die Teams AS Monaco und FC Arsenal folgt auf Platz zwei. Der Italiener Carlo Ancelotti belegt Rang drei mit 166 Einsätzen als Coach für insgesamt acht Teams in der Champions League.

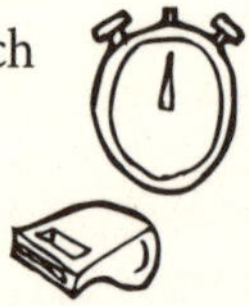

BEST OF WELTMEISTERSCHAFT

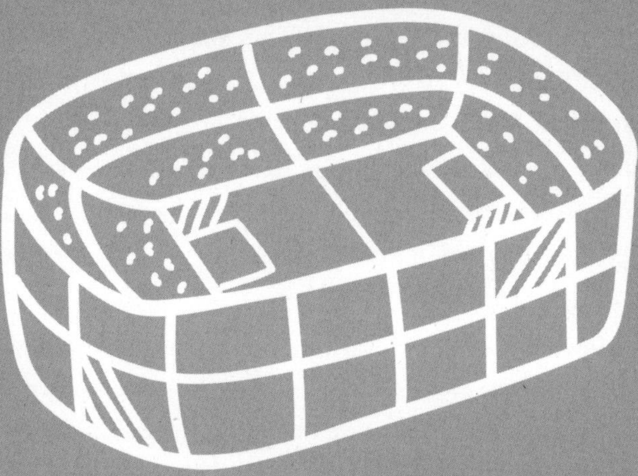

Die 22. Fußballweltmeisterschaft wird mit dem Ausrichterland Katar erstmals im arabischen Raum stattfinden. Das Turnier ist vom 21. November bis zum 18. Dezember 2022 angesetzt. Aufgrund der klimatischen Bedingungen in Katar wurde die WM – auch das ein Novum – ans Jahresende gelegt.

Wer am häufigsten eine WM ausrichtet

Ein Blick zurück: Europäische Länder haben am häufigsten eine WM ausgerichtet. Insgesamt 11 Länder waren Gastgeber, nämlich Italien 1934, Frankreich 1938, Schweiz 1954, Schweden 1958, England 1966, Deutschland 1974, Spanien 1982, Italien 1990, Frankreich 1998, Deutschland 2006 und Russland 2018. Auf Platz zwei im Kontinental-Vergleich folgt Südamerika mit fünf Weltmeisterschaften: Uruguay 1930, Brasilien 1950, Chile 1962, Argentinien 1978 und Brasilien 2014.

In Mittel- und Nordamerika gab es bislang drei Weltmeisterschaften – und ein viertes Turnier steht fest: Mexiko 1970, Mexiko als kurzfristiger Ersatz für Kolumbien 1986, die USA 1994 und 2026 die USA im Verbund mit Kanada und Mexiko.

In Asien fand 2002 die WM in Japan und Südkorea statt. Die WM in Katar 2022 zählt ebenfalls zum asiatischen Fußballverband AFC.

Mit Südafrika im Jahr 2010 war bislang nur ein afrikanisches Land Gastgeber einer Fußball-WM.

Insgesamt waren bis zum Jahr 2018 erst 17 Länder Ausrichter einer WM. Mit Katar (2022) und Kanada (2026) kommen Ausrichter Nummer 18 und 19 aber bald hinzu.

Unter den acht bevölkerungsreichsten Ländern der Welt waren mit den USA (Platz drei) und Brasilien (Platz fünf) nur zwei Nationen schon mal Gastgeber einer WM. China, Indien, Indonesien, Pakistan, Nigeria und Bangladesch haben noch keine Herren-WM ausgerichtet, China war aber schon zwei Mal Gastgeber der Frauen-WM (1991, 2007).

Von 13 auf 48 Teams: Die Erweiterung des WM-Teilnehmerfelds

Der WM-Modus wurde immer wieder verändert, die Anzahl der Endrundenteilnehmer immer wieder erhöht. Die zahlenmäßig bedeutendsten Änderungen im Starterfeld:

1930: 13 Teams
1934: 16 Teams
1938: 15 Teams
1950: 13 Teams
1954: 16 Teams
1982: 24 Teams

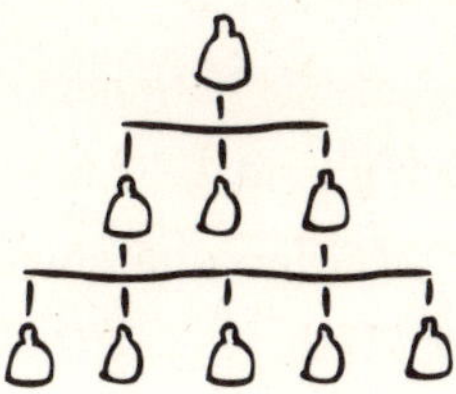

1998: 32 Teams

2026: 48 Teams

62 Prozent Titelquote: Dieses Trio dominiert die WM-Historie

Brasilien ist mit fünf Titeln (1958, 1962, 1970, 1994, 2002) Rekord-Weltmeister. Deutschland (1954, 1974, 1990, 2014) und Italien (1934, 1938, 1982, 2006) teilen sich Platz zwei mit jeweils vier WM-Triumphen. Diese drei Teams haben damit mehr als die Hälfte der WM-Titel errungen, nämlich 13 von 21 möglichen, eine Quote von 62 Prozent. Zugespitzt formuliert: Das Trio Brasilien, Deutschland und Italien gewinnt im Schnitt drei von fünf WM-Turnieren. Seit dem Turnier 1990 haben überhaupt nur Frankreich (1998, 2018) und Spanien (2010) das Erfolgstrio am Titelgewinn hindern können.

Rekord-Finalteilnehmer ist wiederum Deutschland. Acht Mal gelangte die deutsche Auswahl ins Endspiel. Die Finals 1966 (Sieger: England), 1982 (Italien), 1986 (Argentinien) und 2002 (Brasilien) gingen allerdings verloren.

Die deutsche Nationalmannschaft hat auch am häufigsten – insgesamt fünf Mal – das kleine Finale um WM-Platz drei bestritten. Das DFB-Team belegte am häufigsten in der WM-Historie den dritten Platz (vier Mal: 1934, 1970, 2006, 2010).

Brasilien hat an allen Weltmeisterschaften (21) teilgenommen. Dahinter folgt Deutschland (19), das nur 1930 und 1950 gefehlt hat.

Bislang sind nur Teams aus Europa (12) und Südamerika (9) Weltmeister geworden.

Sieben Hunderter! Die »ewige WM-Tabelle«

Brasilien führt die »ewige WM-Tabelle« vor Deutschland an. Italien, Argentinien, Frankreich, England und Spanien folgen auf den Plätzen zwei bis sieben. Diese Sieben haben – nach der Drei-Punkte-Regel berechnet und Spiele, die ins Elfmeterschießen gingen, mit einem Remis gewertet – in der WM-Geschichte jeweils bereits über 100 Punkte gesammelt.

Die besten Sieben der »ewigen WM-Tabelle« vor der WM 2022:

Rang	Mannschaft	WM-Starts	Titel	Spiele	S	U	N	Tore	Punkte
1.	Brasilien	21	5	109	73	18	18	229:105	237
2.	Deutschland	19	4	109	67	20	22	226:125	221
3.	Italien	18	4	83	45	21	17	128:77	156
4.	Argentinien	17	2	81	43	15	23	137:93	144
5.	Frankreich	15	2	66	34	13	19	120:77	115
6.	England	15	1	69	29	21	19	91:64	108
7.	Spanien	15	1	63	30	15	18	99:72	105

Insgesamt haben 79 Nationen jeweils mindestens einmal an einem WM-Endrundenturnier teilgenommen. Manche ehemaligen WM-Starter wie die Deutsche Demokratische Republik (DDR) existieren heute nicht mehr. Aktuell sind 211 Nationalmannschaften Mitglied des Weltfußballverbandes FIFA und haben formal die Chance, sich für eine WM zu qualifizieren. Letzter der »ewigen WM-Tabelle« ist El Salvador auf Platz 79. Die Mittelamerikaner traten bei den Turnieren 1970 und 1982 an, konnten aber in sechs Spielen keinen Punkt holen bei einem Torverhältnis von 1 : 22.

Doch nicht nur El Salvador hat noch keinen Sieg bei einer WM-Teilnahme gefeiert. Insgesamt sind 19 WM-Starter ohne Sieg geblieben: Neuseeland, Honduras, Angola, Israel, Ägypten, Island, Kuwait, Trinidad und Tobago, Bolivien, Irak, Togo, Kanada, Indonesien, Panama, Vereinigte Arabische Emirate, China, Haiti, Demokratische Republik Kongo und El Salvador.

Der »WM-Fluch« der Titelverteidiger

Titelverteidiger Frankreich sollte bei der WM 2022 in Katar gewarnt sein. Seit dem neuen Jahrtausend trifft der »WM-Fluch« den Titelverteidiger meist besonders hart.

2002 schied Frankreich als Titelverteidiger ohne Sieg und ohne Tor (mit einem Remis) bereits in der Vorrunde aus.

2006 warf dann Frankreich Titelverteidiger Brasilien im Viertelfinale mit 2 : 1 aus dem Turnier.

2010 trat Weltmeister Italien nach der Vorrunde die Heimreise an.

2014 erwischte es Titelverteidiger Spanien in der Vorrunde.

2018 traf der »WM-Fluch« dann Deutschland, das sich in der Gruppenphase nicht gegen die Konkurrenten Mexiko, Schweden und Südkorea durchsetzen konnte.

Fakt: Erst zwei Mal konnte ein Weltmeister seinen Titel verteidigen. Italien wurde nach 1934 auch 1938 Weltmeister und Brasilien nach 1958 auch 1962.

Als Titelverteidiger ins Finale kamen zumindest noch Argentinien (1990, Niederlage gegen Deutschland) und Brasilien (1998, Niederlage gegen Frankreich).

Von Matthäus über Klose bis Pelé: Die WM-Rekordhalter

Mit Lothar Matthäus, den Mexikanern Antonio Carbajal und Rafael Márquez und dem Italiener Gianluigi Buffon haben vier Spieler bei insgesamt fünf WM-Endrunden teilgenommen. Allerdings kam Buffon nur bei vier der fünf Turniere zum Einsatz.

Die meisten Einsätze bei einer WM-Endrunde weist Lothar Matthäus auf, der es zwischen 1982 und 1998 auf 25 Partien für Deutschland brachte. Stürmer Miroslav Klose liegt auf Platz zwei mit 24 Einsätzen zwischen 2002 und 2014.

Klose wiederum ist mit 16 Toren der erfolgreichste WM-Torjäger aller Zeiten. Der Brasilianer Ronaldo (15) und Deutschlands Stürmer-Legende Gerd Müller (14) folgen auf den Plätzen zwei und drei.

Die meisten Tore bei einem WM-Turnier erzielte der Franzose Just Fontaine. 1958 glückten ihm 13 Tore in sechs Spielen.

Drei deutsche Spieler wurden bislang WM-Torschützenkönig:
Gerd Müller holte sich die Krone 1970 mit zehn Treffern.
Miroslav Klose traf fünf Mal bei der Heim-WM 2006.

Thomas Müller glückten fünf Tore bei der WM 2010. Zwar hatten noch weitere drei Spieler (Diego Forlán, Wesley Sneijder und David Villa) fünf Tore erzielt, doch Müller bekam den »Goldenen Schuh«, da er zusätzlich die meisten Torvorlagen (3) unter den Top-Torschützen aufwies.

Roger Milla ist der älteste Torschütze bei einem WM-Turnier. Der Stürmer erzielte im Alter von 42 Jahren, 1 Monat und 8 Tagen am 28. Juni 1994 den Ehrentreffer für Kamerun bei der 1:6-Niederlage im Gruppenspiel gegen Russland.

Miroslav Klose ist der älteste deutsche Torschütze bei einem WM-Turnier. Mit 36 Jahren und 29 Tagen traf er am 8. Juli 2014 zum 2:0 für Deutschland im Halbfinale gegen Brasilien. Die Partie endete mit 7:1 für das DFB-Team.

Pelé ist der jüngste Torschütze in der WM-Geschichte. Am 19. Juni 1958 markierte der Brasilianer im Alter von 17 Jahren, 7 Monaten und 27 Tagen den 1:0-Siegtreffer im WM-Viertelfinale gegen Wales.

Martin Hoffmann ist der jüngste deutsche Torschütze bei einem WM-Turnier. Der Linksaußen brachte am 18. Juni 1974 die DDR mit 1:0 im WM-Gruppenspiel gegen Chile in Führung. Hoffmann war damals 19 Jahre, 2 Monate und 27 Tage alt. Die Partie endete 1:1.

Im internen deutschen Ranking folgen auf den Plätzen zwei und drei Edmund Conen und Thomas Müller. Conen erzielte bei der WM 1934 drei Tore beim 5:2-Sieg über Belgien. Er war am 27. Mai 1934 19 Jahre, 6 Monate und 17 Tage alt.

Thomas Müller traf beim deutschen Gruppen-Auftaktspiel der WM 2010 (13. Juni) gegen Australien zum 3:0. Die Partie endete mit einem 4:0-Sieg des DFB-Teams. Müller war damals 20 Jahre und 9 Monate alt.

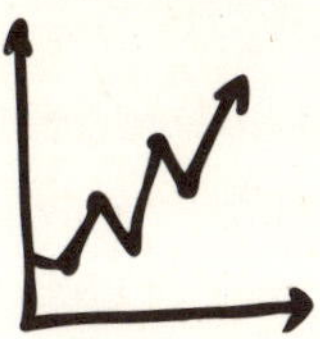

Fakt: Seit der WM 1962 fallen pro Partie im Schnitt weniger als drei Tore. Der Höchstwert seit diesem Zeitraum stammt vom Turnier 1970 mit einem Schnitt von 2,97 Toren pro Partie. Bei den Weltmeisterschaften 1998 und 2014 fielen mit jeweils insgesamt 171 Treffern die meisten Turniertore aller Zeiten.

Von Rossi bis Modrić: Die Gewinner des »Goldenen Balls«

Seit 1982 wird mit dem »Goldenen Ball« der beste Spieler des WM-Turniers ausgezeichnet. Die Sieger im Überblick:

1982 erhielt Italiens Stürmer **Paolo Rossi** die Auszeichnung.
1986 war es Argentiniens **Diego Maradona.**
1990 ging der Preis an Italiens Stürmer **Salvatore Schillaci.**
1994 holte sich die Trophäe Brasiliens **Romário.**
1998 folgte Landsmann **Ronaldo** nach.
2002 wurde Deutschlands Torwart Oliver **Kahn** geehrt.
2006 wurde der Preis Frankreichs **Zinédine Zidane** zuteil.
2010 errang Uruguay-Stürmer **Diego Forlán** den Titel.
2014 bekam Argentiniens **Lionel Messi** die Auszeichnung.
2018 ging der »Goldene Ball« an Kroatiens Regisseur **Luka Modrić.**

Mit Rossi, Maradona und Romário gehörte nur drei Mal ein Gewinner des »Goldenen Balls« auch dem Weltmeister-Team an. Ursache dafür ist zum Teil, dass die Jury manchmal noch vor Ende des WM-Finals ihre Entscheidungen abgeben musste. So trumpfte der überragende Zinédine Zidane bei der WM 1998 im Finale auf, während sein Gegenüber Ronaldo einen schwachen Tag erwischte. Der »Goldene Ball« ging trotzdem an den Brasilianer.

Umgekehrt war Zidane 2006 wohl schon gewählt worden, als er in der Verlängerung des Endspiels gegen Italien aufgrund eines Kopfstoßes vom Platz flog und damit wohl auch seinem Team den WM-Titel kostete.

Tore, Zuschauer und Strafkarten: Die Rekord-Spiele der WM-Geschichte

Die höchsten Besucherzahlen insgesamt für ein WM-Turnier weisen die USA auf, was vor allem am hohen Fassungsvermögen zahlreicher Austragungsorte lag. Beim Turnier 1994 kamen insgesamt 3 587 538 Millionen Zuschauer zu den WM-Partien, im Schnitt waren das 68 991 Besucher pro Spiel.

Das Finale 1950 (formal genauer: Im letzten Gruppenspiel der Finalrunde) zwischen Brasilien und Uruguay gilt als jene Partie mit den meisten Stadionbesuchern bei einer WM-Partie. Damals sollen die bittere 1:2-Niederlage der Brasilianer im heimischen Maracanã von São Paulo 199 954 Fans miterlebt haben.

Der höchste WM-Sieg datiert vom 15. Juni 1982. Ungarn besiegte damals im Gruppenspiel El Salvador mit 10:1.

Die torreichste (12) WM-Partie ist jene zwischen Österreich und der Schweiz im WM-Viertelfinale 1954. Die Österreicher siegten nach 0:3-Rückstand noch mit 7:5.

Deutschland gegen Argentinien und Brasilien gegen Schweden sind die am häufigsten ausgetragenen WM-Partien – sie fanden jeweils sieben Mal in der WM-Historie statt. Hinzu gezählt wird wahlweise noch Deutschland gegen Jugoslawien beziehungsweise Serbien (ebenfalls sieben Partien).

Die häufigste Paarung in der K.-o.-Runde lautet Deutschland gegen Argentinien mit insgesamt fünf Duellen. Drei davon fanden in WM-Finals (1986, 1990, 2014) statt, was ebenfalls Höchstwert ist.

Zwei Partien teilen sich den Rekord in Sachen Strafkarten bei einem WM-Turnier. Portugal gegen die Niederlande (1:0) im Achtelfinale 2006 ist mit 16 Strafkarten notiert, davon viermal Gelb-Rot. Ebenso 16 Strafkarten gab es bei der Gruppenpartie Kamerun gegen Deutschland (0:2) bei der WM 2002. Beide Teams mussten jeweils eine Gelb-Rote Karte (Carsten Ramelow / Patrick Suffo) hinnehmen.

Der deutsche TV-Zuschauer-Rekord für ein WM-Spiel wurde beim WM-Endspiel 2014 zwischen Deutschland und Argentinien aufgestellt. Den 1:0-Sieg des deutschen Teams nach Verlängerung verfolgten 34,7 Millionen Zuschauer am heimischen TV.